# 孔子的仁礼思想

CONFUCIUS' THOUGHT OF BENEVOLENCE AND PROPRIETY

魏建武 著

首都经济贸易大学出版社
Capital University of Economics and Business Press
·北京·

**图书在版编目（CIP）数据**

孔子的仁礼思想/魏建武著 . --北京：首都经济贸易大学出版社，2021. 11

ISBN 978-7-5638-3308-5

Ⅰ. ①孔…　Ⅱ. ①魏…　Ⅲ. ①孔丘（前 551-前 479）—哲学思想—研究　Ⅳ. ①B222. 25

中国版本图书馆 CIP 数据核字（2021）第 243147 号

**孔子的仁礼思想**
**KONGZI DE REN LI SIXIANG**
**魏建武**

---

| | |
|---|---|
| **责任编辑** | 晓　佳 |
| **封面设计** | 风得信 · 阿东 FondesyDesign |
| **出版发行** | 首都经济贸易大学出版社 |
| **地　　址** | 北京市朝阳区红庙（邮编 100026） |
| **电　　话** | （010）65976483　65065761　65071505（传真） |
| **网　　址** | http://www. sjmcb. com |
| **E- mail** | publish@cueb. edu. cn |
| **经　　销** | 全国新华书店 |
| **照　　排** | 北京砚祥志远激光照排技术有限公司 |
| **印　　刷** | 北京九州迅驰传媒文化有限公司 |
| **成品尺寸** | 170 毫米×240 毫米　1/16 |
| **字　　数** | 168 千字 |
| **印　　张** | 13 |
| **版　　次** | 2021 年 11 月第 1 版　2023 年 2 月第 2 次印刷 |
| **书　　号** | ISBN 978-7-5638-3308-5 |
| **定　　价** | 39. 00 元 |

---

# 目录

·目录·

# 导　论

## 一、研究主题

“仁”与“礼”是孔子思想中两个最为核心的概念。但是，“礼”在孔子思想中的意义与位置，在现代陷入了尴尬的境地。由于现代文化的影响，某些普世价值成为社会共识，以宗法等级制度为代表的传统礼制逐渐被当作现代价值的对立面，甚至是专制与不平等的象征。同情儒家的许多现代学者因此努力对孔子的思想做出各种调整，试图保留“仁”的精神内核，减少甚至清除孔子思想中“礼”的意义，特别是其中宗法等级制度的分量；不同情儒家的许多学者则多强调应当认识真正的孔子，肯定孔子对宗法等级制度的维护，以此作为批评孔子包括“仁”的观念在内的思想整体的理由。一方面，就孔子言说本身而言，对“周礼”的维护，对以君臣、父子之“礼”为表征的宗法等级制度的认同与维护，确实是孔子思想的基本面向，无可否认；另一方面，对孔子来说，“仁”相对“礼”的独特意义并不是没有为从“仁”出发重新理解“礼”提供可能。“真实”地理解孔子成为批评孔子的理由，改变对孔子的理解倒成为维护孔子思想的方式。前辈学者的诸多阐发在一定意义上可以理解为他们在各个方向上努力处理这一问题的尝试。但是，当以“真实”为名，以维护宗法等级制度为孔子“仁礼”思想定性，常常预设了孔子是以一种认同专制和不平等的精神理解宗法等级制度的；当以“正当”为标准，试图减少孔子“仁礼”思想中宗法等级制度的分量的时候，可能也有类似的预设。这类预设，无论正确与否，至少影响了对孔子“仁”“礼”思想的深入理解。

本书无意于纯粹指出孔子的思想与现代价值的对立或者共通，也无意于直接论证孔子思想相对现代价值的正当或无效，而是希望阐明，孔子对以宗法等级制度为代表的礼乐文化及其正当性的理解与反思需要得到正视，需要得到全面的理解。真正理解孔子，需要从孔子的思路出发，正视孔子对其所处的历史的断续与文明的一多状况中礼乐文化制度的审慎态度，理解孔子对以“礼”表示的各种言行及其正当性的忧虑和反思。孔子的“仁”“礼”思想并非仅仅是提供了一种维护特定“礼”的立场或理论，他关心的事情正是古今中西共同面对的根本的正当性问题，即在历史的断裂与延续、文明的一元与多元状况中，如何才能正当地判定自身与他者的思想与言行。

## 二、研究现状与问题意识

周公制礼作乐，“则以观德”，以礼体现和培育行礼者的德行被视为礼乐文化的重要传统。孔子继承和反思了这一传统，并以“仁”加以统摄和深化。先秦时代即以“仁”作为孔子精神的根本。据孟子的传述，孔子自己亦是如此认为：“孔子曰：‘道二，仁与不仁而已矣’”(《孟子·离娄上》)。《吕氏春秋·不二篇》云，“孔子贵仁”。对孔子而言，“仁”是全德。孝义智勇、为己待人、修齐治平等大小德行皆可为“仁”统摄。以仁为全德是历代儒学的基本理解。朱子说，“仁者，本心之全德”[①]；冯友兰说，“仁亦为全德之名，故孔子常以之统摄诸

① 朱熹：《四书章句集注》，凤凰出版传媒集团 2008 年版，第 128 页。

德”①。孔子说，“人而不仁，如礼何？”（《论语·八佾》），“克己复礼为仁”（《论语·颜渊》）。孔子以“仁”继承和深化了以“礼”培育和体现德行的传统。

孔子对“仁”的表述多种多样。与此相应，孔子对“仁”与“礼”的意义与关系的理解并非单一的。如何理解孔子所说“仁”与“礼”的意义与关系，历代学者分歧较多。无论是孔子对礼乐文化传统的继承与反思，还是孟子、荀子对仁礼关系的不同推演与阐发；无论是汉学与宋学对“礼”的根基与形态问题的分疏，还是现代儒学对爱有差等与宗法等级的批判和反省，固然都涉及“仁”与“礼”的意义和关系问题，但是更深层的问题一直都是孔子对“礼”的理解是否并且如何有其根本的正当性。

以宗法等级制度为代表的周礼是中国传统礼乐文明的典型形态，“亲亲”与“尊尊”被视为其基本精神。孔子继往开来，承续了礼乐文化传统，反思并深化了其中以民神与天人关系为典范的“亲亲”与“尊尊”的精神，以“爱”“敬”统一的“仁”加以统摄。“仁”与“礼”成为儒学的根本概念。后世儒者（如孟子）以性善为本，由仁行礼，以心性意义的天人合一为根基，提出了“亲亲而仁民，仁民而爱物”的差等次序；荀子则以崇礼为义，以礼成仁，强调上下的差等秩序，为“礼”提出了起源、功能等方面的论证。汉儒面对大一统的新局面，为适应和改造现实体制，吸收了诸子百家的思想，特别是阴阳家的宇宙论，根据天地阴阳差等的思想，以“三纲”“五常”总结宗法等级制度的形态与精神，将“礼”分为可变和不可变两层，以“三纲”“五常”为不变的天道。自此，宗法等级制度更具规范的意义，更具刑

① 冯友兰：《中国哲学史》，华东师范大学出版社2000年版，第62页。

政的意义。面对佛道竞争的思想困境与道德恶化的现实危机，宋学兴起，其初衷本为重建传统的礼乐制度，在道问学的理论与尊德性的工夫等层面，以天理、天道为其奠定根基。但是，宋学将“礼”还原为理，在心性层面解释礼，以心性工夫取代礼乐教化曾经的位置，“名物制度”与“仪节仪式”意义的“礼”难免沦为细枝末节，受到有意无意的忽视与贬低。清代汉学家对宋学“以理代礼”的思想及其导致的对天理的主观随意与对人欲的过度压制极为不满，批评宋学以天理心性取消典章制度的倾向，而选择以经典文献的考证为依据，提出“以礼代理”等思想。与此相应，他们对“仁”的解释更加偏重人际的层面，例如，阮元即以“仁”为“相人偶”。不过，理论的异议与文献的考据并不一定能够带来原则的不同。晚清以降，以康有为为代表的今文经学面对西方文明的冲击与传统文化的危机，力行革新，限定乃至攻击汉宋视为天道的三纲，批评先秦以来以宗法等级制度为核心的礼制传统，反对亲亲与爱有差等等精神，以“大同说”为依据，倡扬一种新的仁学，凸显“仁”博爱、平等的内涵。“仁”的内涵出现了创造性的转化，宗法等级制度之“礼”及其精神备受批评，“礼”呈现出新的形态与意义。

清末民初以来，由于文明与政治的内忧外患，存亡问题凸显，进化思想成为主流。根据这种思潮以及更为通行的进步观念，中国传统社会，特别是以宗法等级制度为核心的礼乐文化传统，与科学、民主等现代价值形态处于高低不同的两个社会发展阶段，礼乐文化传统被视为落后与压迫的象征。五四运动之后，“科学”与“民主”成为正当性的代名词，礼乐文化及作为其根基的“仁”的精神被视为错误乃至罪恶的代表。儒家曾经视为“天经地义”的宗法等级、亲疏尊卑的秩序与精神受到了现代各种思潮的猛烈攻击。新文化运动的代表人物陈独秀甚至质问尊奉孔子的学者："吾愿尊孔诸公叩之良心：自身能否尊行？"[①] 他认为，传统礼制与道德有违其所理解的"良心"，没有正当性。许多学者开始以"博爱"而无差等的精神理解孔子的"仁"，力图去除其中传统礼制的影响。不过，反对者对此提出了批评。蔡尚思认为，"维护周礼是孔子政治活动和思想学说的出发点与归宿"，周礼即是严格区分亲疏、长幼、贵贱、尊卑、上下、男女的宗法等级制度及相应的伦理道德规范。[②] 蔡尚思按照手段与目的的模式，认为孔子对"仁"的精神的强调只是维护和复兴宗法等级制度之"礼"的手段。[③] 陈独秀与蔡尚思的这种正当性观念与功利主义思维模式，是现代许多学者理解孔子"仁礼"思想的常态。孔子的"仁礼"思想被视为传统阶级统治或者专制意识形态的核心部分。梁家荣明确地说，对视儒家思想为"常道"的学者来说，先秦儒家所尊奉的周礼不能不说是难以消解的死穴，因为，以现代的观点看来，其中不少规矩非但难以称为"常道"，且更可说是容易惹人反感的病态。[④]

从康有为开始，现代许多儒家学者以及在一定意义上同情儒家的学者都试图以"仁"作为孔子思想中超越传统礼制的因素，对其重新加以阐释，重新审视以宗法等级制度为核心的传统礼制。冯友兰提出了"抽象继承法"，以一种普遍主义的原则重新理解孔子的"仁"。虽然他

---

① 陈独秀：《孔子之道与现代生活》，张宝明、王中江：《回眸〈新青年〉哲学思潮卷》，河南文艺出版社 1998 年版，第 43 页。

② 蔡尚思：《孔子思想体系》，上海人民出版社 1982 年版，第 238 页。

③ 蔡尚思：《孔子思想体系》，上海人民出版社 1982 年版，第 243 页。

④ 梁家荣：《仁礼之辨——孔子之道的再释与重估》，北京大学出版社 2010 年版，第 31 页。

说礼与仁是孔子底思想底两大支柱[①]，但是他认为，孔子是以普遍形式提出“仁”的学说，这种学说在传统宗法等级社会中不可能实现。[②] 这是现代学者在理解孔子“仁”“礼”思想方面非常通行的取向。张岱年认为，宣扬等级尊卑的“礼”（如“三纲”）等已经成为历史，不具有现实价值了，而“仁”“义”“礼”“智”“信”等“五常”作为“普遍性的道德观念”却具有恒久的价值。[③] 现代新儒家对传统儒学有更多的价值认同，但在对“礼”的态度上与冯友兰等大体一致。以牟宗三为代表的现代新儒家接续宋明儒学，特别是陆王心学，肯定“仁”在心性本体层面的形上意义，而将宗法等级制度意义的“礼”视为与传统政治现实直接关联的历史形态。牟宗三试图以心性学说建构和接纳现代西方的科学与民主，由内圣开出新外王。牟宗三认为，“仁不但是一切德之根源，而且亦是一切存在之根源”，“仁固是‘仁道’，亦是‘仁心’，‘此仁心是普润遍摄一切，而与物无对，且有普遍性之本体，亦是道德创造之真几，故亦曰‘仁体’”，仁心仁体是“主客观合一，是之谓‘一本’”[④]。他以一种新的无所不包的道德形而上学，将康有为以来着力强调的“仁”、博爱、自由与平等等亲缘的意义凸显出来。他认为，“中国要在现代世界站得住立得起，必须由内圣开外王处有一转折”，“以开出科学与民主，完成新外王的事业”[⑤]。根据这一理解，如

① 冯友兰：《孔子思想研究》，《三松堂全集》（第13卷），河南人民出版社2000年版，第51页。

② 冯友兰：《关于孔子讨论中的一些方法论上的问题》，《三松堂全集》（第13卷），河南人民出版社2000年版，第172页。

③ 张岱年：《中国伦理思想研究》，江苏教育出版社2005年版，第125页。

④ 牟宗三：《心体与性体》（中册），上海古籍出版社1999年版，第183页。

⑤ 牟宗三：《通向新外王的道路》，《人文讲习录》，广西师范大学出版社2005年版，第97页。

果仍然可以用“礼”这一概念理解制度与政事的话，牟宗三其实是希望通过对“仁”的意义的阐发，开出现代意义的“礼”。牟宗三与冯友兰等虽然具体路径不同，但都是以“仁”为本，以“礼”为用，试图将“礼”的意义和形态与传统的宗法等级制度割离。对这些思想家来说，以宗法等级制度为代表的传统的“礼”并不正当。他们都以“仁”为孔子思想的核心，试图对其做出新的解释，以便包容或适应自由、民主与平等等现代价值。

也有同情儒家的学者认为，传统礼制本身与“仁”等德性的内涵不可分割，传统的“礼”有其值得肯定的价值。贺麟认为，“三纲”礼制对人心的桎梏、对社会的束缚，并非“三纲”本身的问题；“三纲”是“五伦”观念必然的发展，现代需要积极把握“三纲”的真义，加以新的解释和发挥，以建设新的行为规范和准则。[①] 在他看来，“五伦观念是儒家所倡导的以差等之爱、单方面的爱维系人与人之间长久关系的伦理思想”[②]。他认为，“三纲”礼制建基于以“仁”为核心的道德精神。不过，贺麟也认为，“五四时代的新文化运动，可以说是促进儒家思想发展的一个大转机，表面上新文化运动是一个打倒孔家店、推翻儒家思想的大运动，但实际上，其促进儒家思想新发展的功绩与重要性远远超过前一时期曾国藩、张之洞等人对儒家思想的提倡”[③]。贺麟自己的倡议是，无论是个人还是民族，都需要有自由、理性等精神，能够以自己的人格与民族的文化为本，“儒化西方文化”[④]。他主张以这种精神为基础，以西方哲学发挥儒家的理学，吸收基督教文化的精华以充实

① 贺麟：《五伦观念的新检讨》，《文化与人生》，商务印书馆 1988 年版，第 60 页。

② 贺麟：《五伦观念的新检讨》，《文化与人生》，商务印书馆 1988 年版，第 62 页。

③ 贺麟：《儒家思想的新开展》，《文化与人生》，商务印书馆 1988 年版，第 5 页。

④ 贺麟：《儒家思想的新开展》，《文化与人生》，商务印书馆 1988 年版，第 6 页。

儒家的礼教，领略西方的艺术以发扬儒家的诗教。贺麟的理解对传统、对西方现代都具有很大的包容性。但正如他所说，可以在旧礼教核心的三纲说中发现与西方正宗的伦理思想及西方现代的进步观念相符[①]的因素。因此，贺麟正视传统礼制与“仁”等道德精神的紧密联系的同时，也试图证明传统礼制的核心精神与现代价值的共同之处。在这一点上，他与冯友兰、牟宗三等并无不同。

以蒋庆为代表的大陆新儒家更为直接地肯定了传统的礼制，反对牟宗三等港台新儒家学者以内圣开出民主的学说。蒋庆说，“儒家内圣心性之学只解决个体生命意义的安立问题，不解决社会政治制度的建构问题”，“当代新儒家把儒家的外王事业理解为开出由西方文化所揭橥的科学和民主（所谓‘新外王’），如此则儒学不能依其固有之理路开出具有中国文化特色的政治礼法制度，即儒家式的外王大业”[②]。蒋庆反对“以仁（心性）来化解礼，只强调礼的精神实质而不强调礼的外在形式，使礼只有义而无制”，他说，“心性儒学最终就在政治的领域取消了礼，把礼变成了依附于心性的无足轻重的附属品”[③]。蒋庆也不是直接因袭传统的礼制，他认为，当前儒学面临的最大危机是未能开出新外王，而西方民主制度只能是春秋三世说中的小康之世，适应于新的历史现实的礼法制度建构是当前政治儒学必要的工作。[④] 就“仁”与“礼”的问题来说，这将意味着，他需要以“礼”阐发“仁”不同于心

① 贺麟：《五伦观念的新检讨》，《文化与人生》，商务印书馆 1988 年版，第 60 页。

② 蒋庆：《政治儒学：当代儒学的新转向、特质与发展》，生活·读书·新知三联书店 2003 年版，第 1 页。

③ 蒋庆：《政治儒学：当代儒学的新转向、特质与发展》，生活·读书·新知三联书店 2003 年版，第 26 页。

④ 蒋庆：《政治儒学：当代儒学的新转向、特质与发展》，生活·读书·新知三联书店 2003 年版，第 23 页。

性儒学的意义。李明辉则批评蒋庆等对传统政治制度或者礼制形态的固守，认同牟宗三等对民主、自由、平等等现代价值的接受，反对蒋庆的限定。[①] 蒋庆对自由、平等等现代价值的理解与港台新儒家大有不同。港台与大陆新儒家的分歧不仅意味着他们对“仁”与“礼”关系理解的不同，其问题集中在，“仁”与“礼”的关系不仅是概念与意义的关系问题，更是如何理解“仁”的根本精神与体现方式、如何理解“礼”的正当性的原则问题。

这种原则问题自20世纪末以来在围绕孔子“克己复礼”之说的论争中有了新的体现。与前代新儒家相比，杜维明等新儒家学者更加注重“礼”对“仁”的意义，将“礼”作为修身的方式，以“礼”为仁的体现。他们也重视“礼”的政治意义。杜维明认为，儒家的理想社会是个人经历修齐治平以达至自我完成。20世纪末，杜维明的这一观点引起了何炳棣的反对，由此引发了一场涉及多位重要学者的“克己复礼”之争。何炳棣延续了陈独秀、蔡尚思等人的观点，认为孔子以复礼为一生的使命，“礼”也是孔子学说的中心，以“仁”寓“礼”的观点不符合孔子的意旨。何炳棣认为，孔子试图复兴的礼即是周礼，是以宗法等级制度为代表的礼制。[②] 对他来说，孔子理解的“仁”只能按照其与宗法等级制度的联系加以理解。他批评现代新儒家与宋学一样，根据自身的理念任意解释孔子的思想，并未正视孔子思想自身的文献与历史环境。对许多学者来说，孔子与传统历史形态和社会政治现实的联系，特别是其对宗法等级制度的维护，是孔子真实的形象，是未被后世

① 李明辉：《由“内圣”向“外王”的转折——现代新儒家的政治哲学》，《儒家视野下的政治思想》，北京大学出版社2005年版。

② 何炳棣：《‘克己复礼’真诠——当代新儒家杜维明治学方法的初步检讨》，《二十一世纪》双月刊，1991年12月号，总第八期，第139~146页。

美化的真实立场。虽然何炳棣认为自己更加真实地认识了孔子的思想，但是他并不认同孔子对礼制的理解和辩护。尽管他所代表的路径声称自己更加注重文献与史实，然而，由于强调孔子对周礼等级制度的维护，并且预设了此种意义的周礼压制人欲的立场，何炳棣等人的理解并未触及孔子思想可能存在的反思礼乐传统及其中正当性的原则问题。他与许多其他学者甚至新儒家学者一样，不仅预设了现代价值的正当性，也预设了以宗法等级制度为代表的礼乐文化精神与现代价值的对立，他们因此将孔子对传统礼制的维护视为毋庸置疑的局限甚至过失。

如何理解孔子的“礼”，特别是“仁”对于“礼”的意义，这一问题在现代陷入了一种近乎悖论的困境。同情孔子思想的学者试图在现代语境中对孔子“仁”与“礼”的意义及其关系做出某种调整；非议孔子思想的学者反倒更加以史实与真义为名，力图按照孔子思想的时代特性理解他本有的立场。其实，自孔子的时代开始，“礼”的意义与正当性问题便已经非常错综复杂。问题确实首先是，孔子是否以及如何传承与理解自身时代的“礼”与礼乐文化传统，对这一问题的解答是真正理解孔子的“仁”等根本精神的必要条件；但更深层的问题是，孔子如何以“仁”的精神反思“礼”与礼乐文化传统，反思自己及其时代对“礼”与礼乐文化传统的理解的正当性。

### 三、文献资料

在文献方面，本书主体部分选择以《论语》为主，兼及《孝经》、大小戴《礼记》、《左传》等传世的先秦儒家经典文献对孔子相关言说的传述。《论语》是孔门弟子及再传弟子为理解和传承孔子思想而汇集的语录，可以说，既是孔子言行的原始记录，也是理解孔子最早、最经典的成果，是代表了不同于后世汉学与宋学等流派的先秦孔门思想传统的基本经典。自汉代以来，《论语》便作为孔子思想的真实记录流传了数千年。尽管后世儒家对经传体系的选择大有不同，但以《史记·孔子世家》树立的孔子形象为代表，孔子的基本精神形象都是以《论语》所记言行为主。理解和参考传统对孔子思想的阐释是以《论语》为主，这没有差错。现代对孔子思想的各种理解和阐释依据的文本都是《论语》，要理解和参照这些现代的阐释路径，从而在现代处境中权衡适当的阐释，也不能不以《论语》为主。

至于《孝经》、大小戴《礼记》等传世先秦儒家经典中许多以孔子的名义记述的言论，即便不完全是孔子本人的言说，作为后学特别是先秦孔门后学对孔子言行的一种阐发，就理解孔子而言，其意义绝对不比后世的注疏更小。本书并不预设《论语》之外的文献对孔子的传述一定是真实的记述，而它们作为传述孔子思想的最早文献，作为对孔子思想的最早阐发，其解释意义并不低于后世的注疏。事实上，历代儒者在注疏《论语》的时候，或多或少都以这些文献作为参证。以这些文献为主理解孔子的另外一个重要意义在于，它们主要是先秦乃至汉初对孔子思想的传述与阐释，与秦汉之后汉学与宋学等各种注疏传统相比，它们属于一种不同的阐释传统。这一传统以先秦孔门对孔子的传述为主，比汉学的今、古文，宋学的理学、心学的注疏传统，在一定意义上更加接近孔子的精神形态与历史处境。这一传统也较少地预设了汉、宋与先秦不同的思想形态和立场，较少地以秦汉之后的政治与宗教形态为前提。而且没有对这些文献的关注，无从立足于孔子的时代理解孔子，也无从理解先秦时代对孔子思想的阐述。这些文献的记述多属于比汉学与宋学的解释传统更为原初的阐释传统，它们也是后世各种注疏传统理解孔子思想的重要依据。根据这些文献，能够更好地确定孔子的思想立场以及先秦孔门阐释孔子思想的方向，更好地将孔子与先秦时代儒家独特的方式与立场，与后世特别是现代的方式与立场区分开来。

因此，本书以《论语》为主，确立对孔子基本思想的理解，同时从义理阐释的角度，将其他文献对孔子及相关问题的记述作为理解孔子思想的佐证，以期达到互释的效果。至于现代考古发现的与传世儒家、先秦儒家文献类似的出土文献，由于其在秦汉以来的文化历史上没有影响，而在现代思想中的解读和影响有待展开，在历史与现代的语境中对其加以理解仍然需要以传世文献为依据，本书暂不对其加以处理。本书对孔子的时代背景及其身后解释历史的解读，除了文献高度不足的远古时代，主要是以孔子及其后学依据的儒家经典为依据，即以他们自己认定、依据和传承的文献为依据，力求回归孔子及其后学本有的精神与历史世界。

在现代语境中理解孔子的“仁礼”思想，对歧见纷纭的“礼”的理解尤为重要。中国传统文化亦称礼乐文化，礼乐文化源远流长，有关“礼”的思想也是如此。传统文化在现代的命运直接与礼乐文化的断续、“礼”的意义与价值的现代变革相关。《论语》中的“礼”，主体是孔子有关“礼”的思想，而门人弟子的相关界定在《论语》的语境之中可以视为对孔子特定思想的接续与阐发。就《论语》而言，孔子并未对“礼”做出普遍定义。《礼记·仲尼燕居》等篇章倒是记有孔子对“礼”的直接界定，如“礼者，理也”。但是，孔子并未将其作为“礼”的通解处处推演。这至少说明，孔子对“礼”的理解面向更为多元，意义更为丰富，其基本立场也与以普遍定义为方法的现代思想并不相同。尽管如此，孔子颇为尊重前人对“礼”的一些理解。孔子最为经典的“克己复礼为仁”“出门如迎大宾，使民如承大祭”等说法，便是承袭了前人的言论。孔子并不拒绝前人直接或间接的界定，他吸纳并权衡前贤对“礼”的各种理解和阐释，但他并未以普遍定义的方式处理所有关于“礼”的情境。因此，本书将首先厘清作为孔子“仁礼”思想背景的礼乐文化传统及其中所谓“礼”的丰富面向和深广范围，通过回溯孔子对礼乐文化传统形态及其思想精神的传承、忧患与贯通，理解孔子以仁正礼的根本精神及其意蕴所在，以期更好地在现代语境中理解孔子有关“仁礼”的思想。

# 第一章

# 礼乐文化与“礼”的历史演变

孔子“礼”的思想有着悠久的历史渊源。“礼”不仅是历史久远的具体概念，也被视为礼乐文化的代名词。孔子曾以“礼”理解前代文化，有所谓“夏礼”“殷礼”“周礼”之说。中国传统文化，特别是西周文化，被定性为礼乐文化，早已经成为古今学界的惯例。因此，理解孔子有关“礼”的思想不仅需要梳理“礼”这个概念的源流，也需要理解孔子之前礼乐文化的大体渊源与处境。

## 第一节　礼乐文化的渊源与处境

“礼”的起源常被追溯到史前。不过，最典型而集其大成的“礼”还是“周礼”。“周公制礼作乐”，形成了完整的文化与制度传统，使得“礼”成为意义深广的“礼乐文化”，成为“无所不包的文化体系”。[①]孔子所处的春秋时期常常被理解为周代礼乐文化传统逐渐崩溃与新的思想形态开始展现的时代。[②]

余英时、陈来等遵循雅斯贝尔斯、韦伯等学者的先例，以“轴心

① 陈来：《古代宗教与伦理——儒家思想的根源》，生活·读书·新知三联书店1996年版，第225页。

② 陈来：《春秋礼乐文化的解体和转型》，《中国文化研究》，2002，秋之卷，第15~37页。

时代”理论理解孔子时代所谓“理性化去魅”或者“人文的转向”。[①]不过，无论是现代学者张光直、苏秉琦等的考古与历史研究，还是先秦时代的制度与历史述说，都有对孔子时代文明的连续性以及当时文化源头多样性的强调。[②] 当然，陈来等也并不否认中国文化的这一特性。[③]余英时等借助雅斯贝尔斯的“轴心时期”理论，试图突破西方中心论与中国五四以来接受的历史演进一元论[④]，确实能够更加本然地理解中国文化传统。但是，仅限于此可能并不足够。在单线历史的意义上，以某种转向理解中国传统文化确实没有对世界文明做整体的一元解释，但仍然可能对中国传统文化预设了一种历史演进一元论。不过，春秋战国时代的思想处境与现代的总体状况接近，文明多样而无序，历史悠久而复杂。当时的世界并非仅仅有夏、商、周相继的历史，而是有着众多的方国与形态不同的部族。即便夏、商、周本身，也不只是前后相承的朝代，而是有着悠久共存历史的不同方国或部族。文化是多样还是一元，历史是连续还是变革，本身就是孔子时代现实的历史与文明问题，恐怕难以将其中一面预设为理解孔子及其时代思想的理论前提。

连续或者断裂，多样或者同质，都是历史与文明的常态。张光直曾

---

① 参见余英时：《论天人之际：中国古代思想起源试探》，（台北）联经出版事业集团 2014 年版；陈来：《古代宗教与伦理——儒家思想的根源》，生活·读书·新知三联书店 1996 年版；陈来：《古代思想文化的世界——春秋时代的宗教、伦理与社会思想》，生活·读书·新知三联书店 2002 年版。

② 张光直：《连续与破裂——一个文明起源新说的草稿》，《中国青铜时代二集》，生活·读书·新知三联书店 1990 年版，第 131～142 页；苏秉琦：《中国文明起源新探》，生活·读书·新知三联书店 1999 年版。

③ 陈来：《古代宗教与伦理——儒家思想的根源》，生活·读书·新知三联书店 1996 年版，第 4 页。

④ 余英时：《论天人之际：中国古代思想起源试探》，（台北）联经出版事业集团 2014 年版，第 4～5 页。

经指出，考古获得的中国古史资料证明，有些根据西方历史演进形态拟定的有关文明起源的理论并不普遍适用，对中国、“马雅”（玛雅）、“苏米（苏美尔）”等古代文明的比较研究显示，与诸多西方理论以中国文明起源的“连续性”为例外相反，中国文明研究的“连续性”形态是全世界向文明演化的主要形态，西方的“破裂性”形态反倒是例外。[①] 然而，中国古代文明也常常被认为是少数保持了高度“连续性”的文明。[②] 何为主流，何为例外，根据研究对象的范围与理论旨趣的不同，不同学者可能各有偏重。就本书论述的问题而言，自己的理论选择相对来说并非首要，因为需要理解的是，礼乐文化传统是否以及如何理解和处理文明的多样与一元、历史的连续与变革问题。先秦时代的文化与思想极为重视文明的传承，极为忧虑各种文明的无序，孔子尤其如此。孔子及其时代理解历史与文明问题的方式和立场足以使得自身自立于所谓“轴心时代”，他们的那种理解方式与立场值得更多地尊重和深入地探究。

根据现代的考古与历史研究，中国古代文明的源头在一定意义上确实相当悠久而多样。延续与断裂，多样与统一，始终是基本的历史与文明问题。无论现代理论对其采取何种解释，根据现有发现，中国古代历史与文明的这种处境显而易见。

苏秉琦根据现代的考古成果，将中国文明与国家起源分成了三种发展模式，分别是原生型、次生型和续生型。原生型是指从六千年前北方地区的红山文化、四千年前夏家店下层文化到两千年前秦代的历史形态；次生型是指以夏、商、周三代为中心的中原文明的历史形态，包括

① 张光直：《连续与破裂——一个文明起源新说的草稿》，《中国青铜时代二集》，生活·读书·新知三联书店 1990 年版，第 133～134 页。

② 陈来：《古代宗教与伦理——儒家思想的根源》，生活·读书·新知三联书店 1996 年版，第 4 页。

早期的尧舜时代以及后来的秦代；续生型是以秦汉之后入主中原的鲜卑、契丹和清等北方草原民族为代表的历史形态。① 三种文化有着演进进程相对独立的历史。原生型文化以辽西地区为代表，发展得比中原文化更早，在夏、商、周时期与中原文化并行，是中原文化的重要交往对象。次生型的中原文化是通常古史叙事的主体，由于相对后起，它是多种文化因素的融合。续生型文化是秦汉之后中原文化新的交往对象，传统对续生型文化的理解以中原文化为主导，它最终也为中原文明所融合。

苏秉琦指出，史前时期，红山文化比中原文化更加“先进”，表现在陶器、玉器等器物的相对精致，以及当时遗址体现的“氏族”向“国家”进化阶段的领先。② 苏秉琦说，成套的玉质礼器以及祭坛、女神庙、积石冢庙等，说明当时已经出现了专门对这些设施的生产与使用负责的阶层与职能。③ 根据“古文化古城古国”的概念，考古学界发现了六大史前区系，它们的文化特征、历史进程与演化道路各不相同④，它们由“氏族”到“国家”的发展相对独立。苏秉琦认为，在中原的夏出现之前，北方延续红山文化的夏家店下层文化与江南地区的良渚文化都是符合比较发达的国家概念“方国”的典型。⑤ 燕山南北地区的夏家店下层文化继红山文化之后有了更大的发展，除了有具有礼器性质的彩陶出土之外，也有铜制礼器及仿铜器的陶制礼器，再加上成套的玉器以及类似长城的城堡建筑，说明夏家店下层文化已经颇具国家规模。⑥

---

① 苏秉琦：《中国文明起源新探》，生活·读书·新知三联书店 1999 年版，第 130 页。

② 苏秉琦：《中国文明起源新探》，生活·读书·新知三联书店 1999 年版，第 132~133 页。

③ 苏秉琦：《中国文明起源新探》，生活·读书·新知三联书店 1999 年版，第 136~139 页。

④ 苏秉琦：《中国文明起源新探》，生活·读书·新知三联书店 1999 年版，第 46 页。

⑤ 苏秉琦：《中国文明起源新探》，生活·读书·新知三联书店 1999 年版，第 45 页。

⑥ 苏秉琦：《中国文明起源新探》，生活·读书·新知三联书店 1999 年版，第 51~53 页。

良渚文化最迟始于公元前三千年中期，对应于五帝时代中期，即传说中“绝地天通”的颛顼时代。良渚文化遗址发现了带有墓葬的祭坛和以琮为中心的礼器系统。男女巫师的葬地与其他群体不同，集中于祭坛，说明他们是特殊的群体。玉琮是专门用于祭天的礼器，形制便于天人交流。随着由早期到晚期的演化与规范，琮的使用逐渐成为最高的礼仪，只有一人能够与天交流。这与传说中颛顼的“绝地天通”一致。[①] 良渚文化与夏家店下层文化的发展阶段最初走在了中原文化的前面，它们都与中原文化有重要的交往，之后也为中原文化传承和吸收。

就器物与社会分化的规格而言，中原文化最初落后于同时的南、北方文化。中原的陶寺文化遗址出土的器物有受各种相对先进的南、北方文化影响的痕迹。中原文化之所以能够后来居上，可能与其地理位置有关，与其文明起源的模式及其代表的理念也有关。北方文化先行出现了社会分工与分化，而中原地区国家的形成最初是因为洪水与治水的推动。[②] 考古发现至少有三处，邯郸、洛阳、武功等地均有距今四五千年前洪水的遗迹。中原地区考古发现唯一较早近似社会分化达到古国规模的遗迹，即陶寺文化遗迹，距今即是四千五百年前后，与《史记》所述尧、舜、禹治水的时代相吻合。苏秉琦据此认为，中原地区文明的起源要从洪水到治水谈起。[③] 司马迁在《史记·五帝本纪》中说，孔子编订《尚书》，即是将历史的起始断于尧、舜、禹时代。大洪水将许多不同的部族与方国的命运联系在了一起，使得治水成为重要的公共事务，这一事务应该是当时社会分工与分化首先需要处理的事情。尽管当时的中原文化在器物与宗教形态上仍然落后于同时的辽西与江南，但洪

① 苏秉琦：《中国文明起源新探》，生活·读书·新知三联书店 1999 年版，第 45~50 页。

② 苏秉琦：《中国文明起源新探》，生活·读书·新知三联书店 1999 年版，第 58 页。

③ 苏秉琦：《中国文明起源新探》，生活·读书·新知三联书店 1999 年版，第 58~59 页。

水与治水可能会使得中原的社会分化更加注重公共事务，更加具有公共精神，更加懂得尊重和联合不同的部族与方国。这与《尚书》所反映的禅让举贤、通贤共治的理念相符。

在中原文化起始的时代，中原内外已经有许多并存的不同文化，中原文化本身在先秦大体即是如此，与诸侯共主的传说及华夷之分的史实相应。殷人的祖先可以追溯到燕山南北的古燕文化。《左传》记载，殷人有“肃慎、燕、亳，吾北土也”的说法。① 殷、周都曾经是与夏并列的国家。周代仍然分封了夏、商的后代，在一定意义上延续了原有的文化与国家。周代的齐、鲁、燕、晋以及若干小国在周初分封前都已有自己的早期古国，南方的楚、蜀也是如此。② 蓟县发现了距今五千年左右的遗址，出土了规格较高的陶器，器型后为商、周所继承，可能与武王封黄帝之后的“蓟”有关。③《左传》也有泰伯治理吴国的记述。周礼重视“崇明祀，保小寡”，重视“存亡继绝”，周代的分封制度承认和保留了许多文化久远的古国。④ 夏、商、周的诸侯共主与分封制度的存亡继绝，都在一定意义上延续了中原文化初建时期统一处理公共事务的传统，以及尊重和整合不同部族与方国的精神。

不必预设苏秉琦依据的现代考古资料穷尽了古史的形态，也不必预设他的多元假说一定是正确的历史理论，他明晰地梳理的历史材料至少说明，当时历史的连续与变革、文明的多样与一元，不仅是理论问题，更是关乎历史与文明命运的现实问题。根据先秦记述周代礼乐制度的文献可以发现，先秦文献所述周代礼乐文化的形态确实体现了对历史与文

---

① 苏秉琦：《中国文明起源新探》，生活・读书・新知三联书店 1999 年版，第 53 页。

② 苏秉琦：《中国文明起源新探》，生活・读书・新知三联书店 1999 年版，第 42~43 页。

③ 苏秉琦：《中国文明起源新探》，生活・读书・新知三联书店 1999 年版，第 43 页。

④ 苏秉琦：《中国文明起源新探》，生活・读书・新知三联书店 1999 年版，第 44 页。

明这一问题的基本理解与应对。

根据先秦文献与后世的传述，周代礼乐文化延续了中原文化对不同文化的兼容并蓄，继承并扩展了尊重不同方国与部族并建立统一秩序与制度的范围与深度。周初建国，两次战争，两次分封，都与此问题有关。相传殷末纣王暴虐方国与下民，武王伐殷，以替天行罚为名，得到了许多诸侯方国的协助，殷商民众甚至在牧野战场上倒戈。武王克殷之后的基本举措就是分封先王的后代以及周室的亲属与功臣，以示对先王传统与天下秩序的担当与尊重。《礼记 · 乐记》中云：

> 武王克殷反商。未及下车而封黄帝之后于蓟，封帝尧之后于祝，封帝舜之后于陈。下车而封夏后氏之后于杞，投殷之后于宋。封王子比干之墓，释箕子之囚，使之行商容而复其位。庶民弛政，庶士倍禄。济河而西，马散之华山之阳，而弗复乘；牛散之桃林之野，而弗复服。车甲衅而藏之府库，而弗复用。倒载干戈，包之以虎皮；将帅之士，使为诸侯；名之曰建櫜。然后知武王之不复用兵也。

《史记 · 周本纪》中云：

> 武王追思先圣王，乃褒封神农之后于焦，黄帝之后于祝，帝尧之后于蓟，帝舜之后于陈，大禹之后于杞。于是封功臣谋士，而师尚父为首封。封尚父于营丘，曰齐。封弟周公旦于曲阜，曰鲁。封召公奭于燕。封弟叔鲜于管，弟叔度于蔡。余各以次受封。

《吕氏春秋 · 慎大》《韩诗外传》《潜夫论》等都有类似的记载。

武王克殷之后，将神农、黄帝、尧、舜、禹乃至汤的后代都尊封在不同的国家，也分封了有功的异姓大臣以及同姓子弟。根据前述考古发现的情况以及《尚书》所述殷周之际的情况，周代分封之前已经有许多不同方国与部族，正是如此，周室才能够分封并且有必要分封。第二次分封是武王去世，管、蔡与武庚叛乱，周公不得已而东征，周公的征讨范围限于管、蔡、武庚以及从叛的淮夷诸小国。平定叛乱之后，周公与成王又进行了分封，重新封建了宋、鲁、齐、卫等国，以维持众多方国之间的平衡，屏藩周室。[①] 周代征伐与封建恐怕并非征伐所有现存的诸国，分封新的邦国，而是在尊重旧有方国的基础上，特别对先王的后代加以“褒封”，对有功之臣或其所属方国加以册封，由此建立统一的秩序。

其他诸多中原小国，甚至是偏远的“蛮夷”之国，周代都纳入其封建的体系之中，有差等不同的亲近与尊重。西周因此建立了能够统合和尊重宗族内外不同方国与部族的宗法等级制度，即与历史的传承与变革、文明的多样与统一的现实问题直接相关。《礼记·明堂位》中云：

> 昔者周公朝诸侯于明堂之位：天子负斧依南乡而立；三公，中阶之前，北面东上。诸侯之位，阼阶之东，西面北上。诸伯之国，西阶之西，东面北上。诸子之国，门东，北面东上。诸男之国，门西，北面东上。九夷之国，东门之外，西面北上。八蛮之国，南门之外，北面东上。六戎之国，西门之外，东面南上。五狄之国，北门之外，南面东上。九采之国，应门之外，北面东上。四塞，世告至。此周公明堂之位也。明堂也者，明诸侯之尊卑也。

① 钱穆：《国史大纲》，（台北）联经出版事业集团 1998 年版，第 42~46 页。

虽然《明堂位》所述明堂制度与周初实情并不一定相符，但其所述差等秩序与统合范围可以与包括前述篇章在内的其他许多古代文献相互印证，足以反映周代礼制的基本形态与精神。根据《明堂位》所述，周初礼制由尊到卑、由亲到疏的次序是：公、侯、伯、子、男、九夷、八蛮、六戎、五狄、九采、四塞；周公通过在明堂行礼确立了宗法等级制度的有效范围，宗法的亲疏与等级的尊卑是其中的基本精神与原则。按照这种礼制，不仅中原文化的方国得到了差等不同的亲近与尊重，远在边陲的古国、部落也都有所尊重与交融。他们与周室的关系远近亲疏各不相同，他们的独立性与亲缘性成反比，越是远越是独立，但是关系也越疏远。《国语·周语上》，祭公谋父对穆王说：

> 夫先王之制：邦内甸服，邦外侯服，侯、卫宾服，蛮、夷要服，戎、狄荒服。甸服者祭，侯服者祀，宾服者享，要服者贡，荒服者王。日祭、月祀、时享、岁贡、终王，先王之训也。

根据祭公谋父所述周代礼制，越是亲近的方国，与周室共同参与祭祀等大礼越频繁；越是疏远的方国，担当的职分越是微薄。周代按照尊卑、亲疏的次序，在人员交往与物品交往等方面对不同的方国与部族有程度不同的亲近与尊重。《左传·僖公二十一年》云：“崇明祀，保小寡，周礼也。”周代礼制的基本特征便可理解为对周室自身以及当时所有可与联系的方国、古国与部族的差等不同的亲近与尊重。

由于众多的大小方国得到了承认和尊重，许多悠久的文化得以延续和持续演进，周代在文化形态上并不固定，并非单一，有其演化，有其融合。特别是周王室以及因为周公的功德而地位特殊的鲁国，都得以在礼制和礼器等方面对当时的方国文化做到一定程度的兼容并蓄与融合统一。《左传·定公四年》卫国子鱼说：

> 昔武王克商，成王定之，选建明德，以藩屏周。故周公相王室以尹天下，于周为睦，分鲁公以大路大旂、夏后氏之璜、封父之繁弱，殷民六族，条氏、徐氏、萧氏、索氏、长勺氏、尾勺氏，使帅其宗氏，辑其分族，将其类丑，以法则周公，用即命于周，是使之职事于鲁，以昭周公之明德。分之土田倍敦、祝宗卜史、备物典策、官司彝器，因商奄之民，命以伯禽，而封于少皞之虚。分康叔以大路、少帛、綪茷、旃旌、大吕，殷民七族，陶氏、施氏、繁氏、锜氏、樊氏、饥氏、终葵氏，封畛土略，自武父以南，及圃田之北竟，取于有阎之土，以共王职，取于相土之东都，以会王之东搜，聃季授土，陶叔授民，命以《康诰》，而封于殷虚，皆启以商政，疆以周索。分唐叔以大路、密须之鼓，阙巩、沽洗，怀姓九宗，职官五正，命以《唐诰》，而封于夏虚，启以夏政，疆以戎索。

成王颁赐给鲁、卫等国来自许多不同方国的礼器，也将部分殷商遗民分给鲁、卫等国管理。商与多国的文献、礼器与能够传承传统的贤才，在这些国家得到了保护和管理。鲁国因为周公的关系获得了特殊的礼遇，保存的文化尤为丰富。《左传·僖公二十九年》记载，吴国著名贤者季札出访鲁国，鲁襄公以各种歌舞演奏，供其鉴赏。演奏的歌舞据称传自唐、虞、夏、商、周等的《韶箾》《韶濩》《大夏》《大武》《南籥》《象箾》等，也有来自当时诸国的歌乐，如各国的国“风”以及“小雅”、“大雅”和“颂”等名目。《左传·昭公元年》记载，韩宣子见《易象》与《鲁春秋》说，“周礼尽在鲁矣”。《左传·襄公十年》记载，士丐说：“诸侯宋鲁，于是观礼”，宋国保存了殷代的文化，鲁国保存了周礼，也保存了许多国家的礼乐。可见，由于周代对前代与方国的尊重及对其文化的吸纳，多样的文化得到了差等不同的尊重，各种不同的历史传统得到了亲疏有别的延续。就根本的历史与文明问题来说，宗法制度对各个宗族传统的重视体现了对历史的延续与断裂问题的理解与应对，等级制度对不同方国、部族有序的尊重体现了对文明的多样与一元问题的理解与应对。

礼乐文化传统并非单向地偏向于历史的传承与文明的多样或者历史的革新与文明的统一。不过，没有多样的演化，便无从选择正当的一元；没有一元的传承，便无从做出有根基的革新。多样还是一元，传承还是革新，一直以来都是历史与文明形态一体两面的问题，但由于存亡续绝成为问题，历史与文明便陷入了前所未有的危机。

春秋时代，周室衰微，诸侯纷争，“弑君三十六，亡国五十二”，“蛮夷猾夏”，各个方国与部族的历史与文明命悬一线，许多历史久远的方国与部族的文化传统亡灭无迹。即便是曾经圣王的后代，存亡的问题也为时人担忧。《左传·昭公八年》中云：

> 晋侯问于史赵曰：“陈其遂亡乎?”对曰：“未也。”公曰：“何故?”对曰：“陈，颛顼之族也，岁在鹑火，是以卒灭，陈将如之。今在析木之津，犹将复由。且陈氏得政于齐，而后陈卒亡。自幕至于瞽瞍，无违命，舜重之以明德，寘德于遂，遂世守之。及胡公不淫，故周赐之姓，使祀虞帝。臣闻盛德必百世祀，虞之世数未也。继守将在齐，其兆既存矣。”

陈国可以追溯到颛顼，舜是陈国的先祖，周代分封其后在陈，使其祭祀帝舜，以一种方式延续了追述至虞舜的文化。但在春秋时期，陈夹在楚、宋、齐、吴等大国之间，岌岌可危。陈在齐国也有后代，传承了归本于舜时的礼乐，所以孔子得以在齐听到《韶》乐。但这一文化的正式传承终究有赖于陈国宗室，如果陈的祭祀灭绝，《韶》乐体现的礼乐传统将不再能够通过祭祀而正式传承下去。春秋时期，即便仍然存在的国家，也多不能够再守其祭祀，承续其文化。所以，孔子慨叹：“夏礼吾能言之，杞不足征也。殷礼吾能言之，宋不足征也。”（《论语·八佾》）。杞、宋等国已经不能够延续夏、殷的传统，保持夏、殷的文化。即使是周礼，“诸侯恶其害己也，皆去其籍”（《孟子·万章下》），也出现了存亡的危机。整个天下动荡不安、混乱无序，孔子深深地忧虑着历史与文化的问题，对历史的断裂与文化的灭绝深感忧虑，他说：“天之将丧斯文也，后死者不得与于斯文也。”（《论语·子罕》）所以，自孔子开始，儒家述古，盛称唐虞三代，“祖述尧舜，宪章文武”（《礼记·中庸》），儒家经典《尚书》即具载唐虞夏商以讫周代的典训。根据《礼记·礼运》，孔子追溯“礼”的源流即是从尧舜禹禅让开始，贯通夏、商、周三代。

礼乐文化源出的文明形态的特性体现在它们理解和对待历史与文明的方式上。考古发现的器物与人类学揭示的文化形态与先秦文献记载固然可以在事实层面相互印证，但先秦礼乐文化传统对器物与文化形态反映的制度及其精神的理解有其自身的方式与立场。文明而制度化地理解和处理文明的多样与一元、历史的连续与断裂，是中原文明从诞生开始的主要特征，也是西周礼乐文化传统的基本特征。历史与文明问题的急剧恶化是春秋时期礼乐文化面对的现实危机。

## 第二节 《周书》《诗经》中“礼”的意义的嬗变

“礼”，即“禮”，汉代许慎《说文解字》的解释是：“禮，履也，所以事神致福也。从示从豊。"《说文》又云："豊，行禮之器也。从豆，象形。凡豊之属皆从豊。读与禮同。"元代周伯琦《六书正讹》考辨说，"豊"，"即古禮字。后人以其疑于豐字，禮重于祭，故加示以别之。凡澧、醴等字从此。"[①]"禮"字本为"豊"，后世许多学者根据甲骨文、金文等考古资料对此做出了肯定，现已成为古文字学的通解。王国维便曾指出，卜辞最初都是用"豊"等字，分化为"醴""禮"二字是后来的事情。[②]"豊"分化出了"禮""醴""澧"等字，说明"豊"在分化之前已经是意义相当丰富的字。

不过，如果由许慎所谓"禮""从示"与"事神"之说断定"禮"字起源于宗教或祭祀活动，这种推导并不恰当。即便礼确实起源于宗教或祭祀活动。徐灏《说文解字注笺》说："禮之名起于事神，引申为凡禮仪之称。"徐复观认为，这是理解"礼"的起源的"通说"。[③]但严格说来，"禮之名起于事神"，并不意味着"禮"本身起源于"事神"，何况"禮""从示"为后起。如果仅仅就"禮"之"名"而言，"禮"由"豊"加"示"而成，确实是以"事神"之义为名，但这并不是"禮"字的最初起源。既然"禮"的本字是"豊"或"豐"，"豊"加"示"而成"禮"，似乎更加强调了"豊"的意义中"事神"的一面。这一字形的变化如果出现在宗教文化盛行的殷代，相对比较容易理解，过去的解释正是将其归于重视鬼神的殷代。但是，"禮"字的出现和通行恰恰是在周代礼乐文化繁盛与儒家礼乐思想成熟之后。[④]无须在

---

① 转引自《康熙字典》，中华书局 2010 年版，"豊"字条。

② 王国维：《观堂集林》（外二种），河北教育出版社 2001 年版，第 144 页。

③ 徐复观：《中国人性论史 · 先秦篇》，上海三联书店 2001 年版，第 36 页。

④ 林沄：《豊豐辨》，《林沄学术文集》，中国大百科全书出版社 1998 年版，第 5 页；刘雨："西周金文中的射礼"，《考古》，1986 年第 12 期。

“豊”与“禮”之间预设一条具体到普遍的鸿沟[①]，也无须在二者之间寻找宗教到人文的中介[②]，反而需要理解事神的“祭祀”在礼乐文化中的独特意义。即便其中有造字的偶然性，“禮”字在这种文化与义理背景下突出“事神”的一面，并且被广泛接受，应该有其正当的义理根基。

孟子说：“王者之迹息而《诗》亡，《诗》亡而后《春秋》作。”(《孟子·离娄下》)这是孔孟时代的总体经典背景。西周之前的文化，孔子已称“文献不足”(《论语·八佾》)，现代的研究也多以零碎的考古资料为主。西周以降，《尚书·周书》《诗》“春秋经传”，保留的都是当时的经典言辞与典范事迹，经历了20世纪的疑古思潮，它们作为礼乐文化的正典经受了考验。钱穆说，“《诗》《书》言其体，礼、乐言其用。《书》即礼也，《诗》即乐也。”[③] 司马迁引董仲舒的话说，“《春秋》者，礼义之大宗也。”(《史记·太史公自序》)这些经典文献记载的“礼”在其时代的意义不仅具有可信性，而且具有典范性。[④]《周书》、《诗经》与“春秋经传”所述周代所谓“礼”本为“禮”字还是“豊”字现不可考，其意义最初确实以祭祀为核心，但逐渐有了极为丰富而复杂的扩展。

---

① 杨志刚：《中国礼仪制度研究》，华东师范大学出版社2000年版，第86页。

② 徐复观：《中国人性论史·先秦篇》，上海三联书店2001年版，第38~39页。

③ 钱穆：《国学概论》，《钱宾四先生全集》，(台北)联经出版事业集团1998年版，第24页。

④《周书》、《诗经》与“春秋经传”中所记时人提及“礼”的言说才是论当时“礼”字意义的原始资料。除此之外，后人评述春秋时事所用的“礼”，不能作为春秋时代所谓“礼”的直接依据。例如，将《左传》作者作为评价概念的“礼”与“非礼”直接视为春秋时期“礼”的意义，并不适当。(参见梁家荣：《仁礼之辨——孔子之道的再释与重估》，北京大学出版社2010年版，第48~51页)《仪礼》《周礼》等虽然反映了周代的礼仪、礼制，但它们也不能作为考察孔子之前“礼”字具体意义的直接依据。

## 一、《周书》中的“礼”

《今文尚书·周书》有《金滕》《洛诰》《君奭》三篇提到“礼”。三篇作为西周初期的文献，即便最激进的疑古派也认可其史料价值。[①]《古文尚书》具有辑佚的性质，虽然在大体事件与总体精神方面并不一定没有参考价值，但是要探求具体的概念，仍然不能够依据其中的文句。《今文尚书》这三篇是周公、成王、召公的对话，他们是周初制礼作乐的关键人物，是“周礼”的开启者，他们对“礼”的理解对后世具有典范意义。

《金滕》有“我国家礼亦宜之”之说。郑玄对此的解释是，成王悔悟，“礼”迎周公。孔传与蔡传大体都坚持这种理解，但后世学者特别是清儒对此多有辩驳，有周公当时已回京城或者周公已逝的看法。孙星衍等根据《白虎通义》等文献，认为成王所谓“礼”，是以王礼葬周公，并以天子郊祭之礼赐鲁，以彰显周公之德。徐复观认同孙星衍的解释，认为葬与祭有连带关系。他的预设是，“礼”的最初意义即许慎所说“事神”意义的祭祀。[②] 根据顾颉刚等学者的理解，周公在祷词中提到，希望自己能够代替武王赴死，因为自己“能事鬼神”，武王“不能事鬼神”。这种思想延续了《盘庚》中体现的殷人的鬼神观，认为后人去世后，将去天上服事鬼神。[③] 周公的诚心感动了成王，成王“礼”敬周公，是敬其有德，而不是敬其死而为“鬼”。无论“礼”是指礼迎周

① 参见顾颉刚对相关篇目真实性的讨论。见顾颉刚、刘起釪：《尚书校释译论》，中华书局2005年版。

② 徐复观：《中国人性论史·先秦篇》，上海三联书店2001年版，第36页。

③ 顾颉刚、刘起釪：《尚书校释译论》，中华书局2005年版，第1260页。

公还是王礼葬之，表达的都是这种因为周公德行而对其敬意有加的礼敬。无论当时周公仍然在世还是已经去世，成王引出“国家礼”，由“国家”着眼，强调的自然不仅是对“鬼神”的礼敬，更是对有德者的礼敬。周公的用心与成王的悔悟不在于服不服事“鬼神”，而是如何由“礼”体现自己对德行与有德者的诚与敬。注重人“德”而不是“神”意，有徐复观所说的“人文的意义”。[①] 但是，“鬼神”的存在与人的德行二者在《金滕》所谓“礼”中显然都很重要，并无对立。

《洛诰》有三处提及“礼”，周公说到，“肇称殷礼，祀于新邑，咸秩无文”，成王提到，“惇宗将礼，称秩元祀，咸秩无文”，“四方迪乱，未定于宗礼”。所谓“殷礼”，孔颖达疏引郑玄注云：“王者未制礼乐，且用先王之礼乐”；王安石则以“殷”为《春秋公羊传》所谓“五年而再殷祭”之“殷”；蔡传将“殷”解释为“盛”，以“殷礼”为盛大之礼。[②] 不过，周代本为“小邦”，并无天子大礼，且原为殷商的属国，成王时举行天子大礼，自然对殷礼当有所承续与借鉴[③]，即便此处所谓“殷”本为祭名或为盛大的意思。按照王国维的考证，成王、周公举行的祭祀即是以禋祀祀昊天上帝，并以文王、武王配祀，属于最高等级的祭祀之列。这一祭祀意义重大，所以，成王命令史佚将王与周公问答之语以及所行典礼书于册，以诰天下。[④]

这一盛大的祭祀不仅包括事“鬼神”以及事“上天”的事情，但确实是由敬“鬼神”与“上天”而使得“礼”蕴含了丰富的意义，涵盖了广泛的范围。

---

① 徐复观：《中国人性论史·先秦篇》，上海三联书店 2001 年版，第 36 页。

② 顾颉刚、刘起釪：《尚书校释译论》，中华书局 2005 年版，第 1469 页。

③ 徐复观：《中国人性论史·先秦篇》，上海三联书店 2001 年版，第 36 页。

④ 王国维：《〈洛诰〉解》，《观堂集林》（外二种），河北教育出版社 2001 年版，第 15～16 页。

首先，祭祀拥有广泛的道德与政治意义，“礼”的意义也不仅限于祭祀。周公说：

> 今王即命曰：“记功宗，以功作元祀。”(《洛诰》)

成王说：

> 四方迪乱，未定于宗礼，亦未克敉公功。(《洛诰》)

祭祀是敬事鬼神与上天，祭奠鬼神与上天的时候也要将人事的功德告诸鬼神与上天，由此奖励和礼敬往世与在世的有功、有德之人。虽然祭祀“功宗”之后，祭祀之仪节已经完成，但是所谓“宗礼”并不限于祭祀“鬼神”的活动。成王说，“四方迪乱，未定于宗礼”，是指天下未定，“宗礼”也不可说已定。祭祀典礼，以承续先王功德为要义，先王功德未完成，典礼之义也未完成。所以，祭祀鬼神的意义，对周公与成王来说，在于祭祀者当尽人事，在于执政者当尽自己的职责。

其次，根据周公对此次祭祀的阐发，祭祀活动也是观德与行德的重要方式。周公说：

> 汝其敬识百辟享，亦识其有不享。享多仪，仪不及物，惟曰不享，惟不役志于享。凡民惟曰不享，惟事其爽侮。(《洛诰》)

参与享礼的大多为一方诸侯，身居要位，由享礼可以见其诚敬与否；通过享礼要求诸侯能够诚敬以事上，诸侯以此教化民众，民众也将诚敬以事上，否则，诸侯从天子祀享鬼神不诚不敬，可能无法以此作为民众的先导，民众从诸侯奉天子也将不诚不敬。

再者，天子作为在上者的表率，自己也当秉承祭祀的诚敬精神，礼敬和厚待诸侯与下民。周公说：

> 朕教汝于棐民彝；汝乃是不蘉，乃时惟不永哉。笃叙乃正父，罔不若予；不敢废乃命。汝往敬哉！（《洛诰》）

周公训导成王，善待民众，勉励自己，由此才能长治久安；天子厚待各级官长，诸臣才不会废弃天子的教命；天子自己需要有恭敬的德行。周公希望成王到洛邑奉行祭祀大典，提出这些训诫，自然也是希望成王首先通过祭祀大典，絜诚恭敬事奉鬼神，表达自己的诚敬之心，善待民众，厚待诸臣，成就天子应有的德行、应成的政事。

王国维指出，周公制礼的本意在于纳上下于道德，合天子、诸侯、卿、大夫、士、庶民以成一道德团体。[①] 但是，《洛诰》祭祀之“礼”结合的道德团体显然不仅包括人世的上与下，同时也包括往世的鬼神与在世的民人，包括上天与下民。

《君奭》中，周公有“故殷礼陟配天”之说。《君奭》为周公致召公的答词，其中表达了对殷商失德而失“天命”的认识，对“天命”改易及不可耽信的忧虑，对召公敬德保民以辅成周室的期待。《牧誓》中记武王之言有“今予发恭行天之罚”；在《大诰》中，周公说，“天降割于我家”，“天惟丧殷”，表达了“天”在周革殷命中的作用，以“天”为王朝正当性的归依；但在《君奭》中，周公却说，“天难谌”，“天不可信”，似乎对“天”表示了怀疑。

---

① 王国维：《殷周制度论》，《观堂集林》（外二种），河北教育出版社2001年版，第232页。

郭沫若认为，周人讲“天”有两种讲法，一种是对周人自己，一种是对殷人。西周统治者自己怀疑“天命”，对周人讲“天”不可信，而对被统治者大力宣传“天命”，对殷人讲“天命”在身。[①] 傅斯年指出，周公对自己、对殷商虽然词有轻重，但义无二说[②]，不过，他也认为，周初“天命”思想也有对殷朝遗民与对周人的不同；对前者，说明殷代无德而失“天命”，使殷人忘记复兴，对后者，说明受命保命的不易，不可荒逸。[③] 这两种理解都有功利性的假设，都预设周公等人的天命观为后世所谓统治阶级的思想手段，并无真正的信仰。另外，将其视为周公等本有思想的学者则多强调他对“天命”的怀疑。顾颉刚认为这是一种人事影响“天命”的新观点，是一种“人定胜天”的精神，它以敬德修正殷人迷信的天命观。[④] 郑开认为，这种对“天”的怀疑态度是思想上的一大进步。[⑤] 他们都在不同的意义上以周公的尊天与疑天为义理上的矛盾。[⑥] 但是情况并非一定如此。陈来指出，周公并未丧失对“天”宗教性的信仰，而是反对纣王那种“我生不有命在天”的信天，他强调的是对“天命”永恒赐予的怀疑，警告统治者要谨慎于人事的努力，否则“天命”就有转移的危险。[⑦] 陈来认为，与殷商的“上

---

① 郭沫若:《郭沫若全集·历史编》(第一卷)，人民出版社 1982 年版，第 334 页。

② 陈来:《古代宗教与伦理——儒家思想的根源》，生活·读书·新知三联书店 1996 年版，第 171 页。

③ 傅斯年:《性命古训辨证》，《傅斯年全集（二）》，湖南教育出版社 2000 年版，第 579 页。

④ 顾颉刚、刘起釪:《尚书校释译论》，中华书局 2005 年版，第 1560 页。

⑤ 郑开:《德礼之间——前诸子时期的思想史》，生活·读书·新知三联书店 2009 年版，第 4 页。

⑥ 郑开:《德礼之间——前诸子时期的思想史》，生活·读书·新知三联书店 2009 年版，第 4 页。

⑦ 陈来:《古代宗教与伦理——儒家思想的根源》，生活·读书·新知三联书店 1996 年版，第 179 页。

帝”观相比，周人的“天命”观达到了伦理宗教的水平，周公完成了中国文化向以“敬德”与“保民”为道德内涵的伦理宗教的转变。[①]

殷周文化的整体形态是否如其所理解暂不置论，在此仅仅讨论周公等理解的人与上天、鬼神的关系。《金縢》与《洛诰》已经表明，在其所谓“礼”之中，周公与成王确实是以“敬德”“保民”理解鬼神祭祀之礼的意义，“敬德”与“保民”的道德与政治意义并不与敬事上天、鬼神的宗教活动相互冲突，反而是由絜诚恭敬奉事鬼神与上天而实现。现代许多学者曾经指出，相对殷商重视“上帝”“鬼神”的传统，周代更加重视“天”的观念。[②]“鬼神”在殷代的宗教观中，与在世者有亲缘关系，“鬼神”通常即是逝世的先王、先公，他们是祭祀的对象。《尚书 · 盘庚》所述先王与先公对后世王与臣的眷顾与赏罚，是鬼神与在世者的这种亲缘关系在政治中的体现。《金縢》中周公的祈祷之词表明，周初延续了这种鬼神观，周代只是在此基础上更加强调“天”的意义。如果说“鬼神”与在世之人有一定的亲缘关系，可以对某些人群特加眷顾的话，那么，这特殊的人群如果有过错，“鬼神”即便惩罚，也不大会断绝自己后代的福命。《盘庚》所述先祖对后代的惩罚显然不是要断绝殷人的福命。然而，周代面对夏到殷、殷到周两代的更替，却不得不反省鬼神的作用，反省先人的鬼神没能护佑后人的福命这一事实。许多学者一方面认为周公等首倡“天”的观念，同时又认为周公等提出“天”是为了怀疑“天”。如若如此，周公只需怀疑“上帝”“鬼神”便可以了，何必单独提出“天”加以怀疑？对周公来说，

---

① 陈来：《古代宗教与伦理——儒家思想的根源》，生活 · 读书 · 新知三联书店 1996 年版，第 168 页。

② 陈来：《古代宗教与伦理——儒家思想的根源》，生活 · 读书 · 新知三联书店 1996 年版，第 161 页。

需要反思的是“鬼神”与“人”的亲缘关系，“天”与“人”的关系比“鬼神”与人的关系更能整体地理解三代更替。“天”并无与任何个体和群体有特殊的因亲缘而可信赖的关系，如纣王相信的，尽管自知有过，但仍然不妨碍其自认“有命在天”。对周公等来说，“天”不属于夏，不属于殷，自然也不属于周；“天”不属于夏之在上者，不属于殷之在上者，也不属于周之在上者。“天”对夏、商、周，对在上与在下者，都没有私密的亲缘关系。

《周书》所记周公的言辞反映了这种对“天”不私属于任何个体与群体的理解。《召诰》曰：

> 我不可不监于有夏，亦不可不监于有殷。我不敢知曰，有夏受天命，惟有历年。我不敢知曰，不其延。惟不敬厥德，不其延。惟不敬厥德，乃早坠厥命。我不敢知曰，有殷受天命，惟有历年。我不敢知曰，不其延。惟不敬厥德，乃早坠厥命。今王嗣受厥命，我亦惟兹二国命，嗣若功。

周公认识到，周代需要以夏、商为借鉴，不仅是吸取它们所谓的历史经验，而且统一地在它们身上看到“天命”的延续，在它们与自己身上看到“天命”的长久与否，并不偏私于夏、殷，也不会偏私于周。“天命”对夏、商乃至周都是公平的，夏、商与周都不能确定自己的“天命”长久还是短暂。在此意义上，周公在《君奭》中说：

> 殷既坠厥命，我有周既受，我不敢知曰，厥基永孚于休。若天棐忱，我亦不敢知曰，其终出于不祥。

在“天”面前，周公认为周室并不比夏、商更加特殊，周室不能以“天命”在己为既定不变，也不能以自己的“天命”定然归于不祥，因为“天”并不以夏、商为一己之私，不会以周为一己之私，也不会以任何可能代替周室的群体为一己之私。对这种意义的“天”来说，世界不是任何个体与群体的一己之私。所以，周公说“天难谌”“天不可信”，不是对“天”的怀疑与不敬，而是对“天”高出于任何一朝一代、一人一群之上意义的正视与敬畏。

《君奭》中周公所说“故殷礼陟配天”，应该不是说殷代祭祀也以“天”为尊奉的首要对象，而是说“殷”代也通过其“礼”正其“天命”。所谓“殷礼陟配天”，是说殷代由礼行德，乃得配“天”而长久。周公是以自己的天命观理解殷代的历史，说明“敬德”的重要。郑开认为，周人所谓“敬德”，尤其重视人世间的政治表现，因而“德”的观念隐含了人道主义、人文理性的萌芽。[①] 他和其他许多学者的预设是，周人已经对“天”有了怀疑，而所谓“人文理性”，终将通过剔除其宗教因素完成理性的进步。[②] 无论这些观点是否正确，它们对“德”的理解显然处于外在描述和评判的层面。因为，对周公来说，尊“天”，而不仅仅是敬事先祖的“鬼神”，便意味着他们需要对整个历史与世界，而不仅仅是周室，有一个整体的担当性的理解，其所谓“闵于天越民”就是这一用心的表达。

周公对夏、殷、商敬德与否的评价并非仅仅是外在的评定，而是一种历史的自我反省。他的思想强调的不是周代相对夏、商的进步，而是

---

① 郑开：《德礼之间——前诸子时期的思想史》，生活・读书・新知三联书店 2009 年版，第 4 页。

② 郑开：《德礼之间——前诸子时期的思想史》，生活・读书・新知三联书店 2009 年版，第 15～24 页。

周代自身是否能够如同夏、商的先王一样，敬德配天。周公说：

> 我闻在昔，成汤既受命，时则有若伊尹，格于皇天；在太甲，时则有若保衡；在太戊，时则有若伊陟、臣扈，格于上帝，巫咸乂王家；在祖乙，时则有若巫贤；在武丁，时则有若甘盘。率惟兹有陈，保乂有殷，故殷礼陟配天，多历年所。(《君奭》)

殷商之世之所以能够天命长久，因为从成汤、伊尹到武丁、甘盘，历代君臣上下有序，君臣同心，敬奉上天，治理天下，他们无不“秉德明恤”，敬德而保民。文王、武王之所以能够得享天祚，也是因为他们“纯佑秉德，迪知天威”，君臣敬德，恭守天命。故此，周公呼吁召公，“汝克敬，以予监于殷丧大否，肆念我天威”，他们二人也当一同诚敬克己，吸取殷亡的教训，礼敬上天，秉承先王遗德，以为“民极”，勉力成为天下的道德楷模，恭敬辅佐成王。

正是在此意义上，周公说：

> 天不可信，我道惟宁王德延，天不庸释文王受命。(《君奭》)

“天命”的可信赖与否并非“天”的问题，而在于敬德者自己不能以“天”为私，以世界为私。敬德的意义不在于以德理解和评定“天”，而在于不怨天，不尤人，敬德正己，尊天保民，敬畏自身与上天的距离。周公说：

> 嗣前人，恭明德，在今予小子旦，非克有正，迪惟前人光施于我冲子。(《君奭》)

周公虽然以成为民众道德楷模与召公相勉，但也谦恭自反，希望召公等努力指出自己的错误，认为当前的功业并非是出于自己的努力，而是源自前人的明德。真正的“敬德”不是确信和评定自己的行为与政事做得多好，而是自己需要对自己在“天”面前的位置有清醒的认识，在“天命”面前对自己的行为有自觉的担当，不敢以己意绝对地确定是非当否，不敢以己意绝对地确定存亡福祸。这才可以说是周公礼敬“上天”的本然意涵。

《周书》所谓“礼”，确实如许多学者所说，是以祭祀为主。[①] 陈来曾经指出，西周后期，“礼”已经是“神圣性”与“人文性”的结合，是包容和带有某种宗教性的人文体系。[②] 其实，西周初期，周公等人的思想中已经有那种比现代与人文相对的“神圣性”意义更加深广的“天命”观，而其人文性源自周公等面对“上天”的人类道德的自我担当，而非仅仅表现于注重人事。由“礼”体现的祭祀并非仅仅是奉事“鬼神”与“上天”的事情，更是天人、上下相互发生道德与政治关系的事情；周初祭祀中首要的概念是“天”，周公等在对“天”的礼敬中，通过自我担当的“敬德”与“保民”，将整个历史与世界、鬼神与人类、上天与下民理解为一个统一的道德整体。简言之，其所谓“礼”体现的人文精神并不在于关注人事、虚设宗教，而在于人在鬼神与上天面前的自我道德担当，在于通过对鬼神与上天的礼敬，在于与鬼神、民众，与历史、世界同体担当于一个有序的道德整体之中。

---

① 徐复观：《中国人性论史·先秦篇》，上海三联书店2001年版，第36页；梁家荣：《仁礼之辨——孔子之道的再释与重估》，北京大学出版社2010年版，第48页。

② 陈来：《古代宗教与伦理——儒家思想的根源》，生活·读书·新知三联书店1996年版，第67页。

## 二、《诗经》中的“礼”

《诗经》大体为西周至春秋的作品。[①] 《诗经》的时代紧接《尚书》，后启《春秋》，其所谓“礼”也承袭了《周书》，开启了“春秋经传”所记时人理解“礼”的风向。[②]《诗经》有十处提及“礼”[③]，祭祀之礼仍然重要，不过仪节等人事层面的意义已经开始成为“礼”通行的内涵。

徐复观认为，《诗经》只有《周颂》中《丰年》与《载芟》的“以洽百礼”才与祭祀有关，其余的都与祭祀无关。[④] 他认为，这证明在《诗经》时代，宗教坠落，“礼”的意义已经开始转化为人文的表征。[⑤] 但是即便唯有《周颂》中的“礼”与祭祀有关，这也是《诗经》的体例使然。郑樵说：“风土之音曰风，朝廷之音曰雅，宗庙之音曰颂。”(《通志 · 序》)《诗经》中《风》的部分多为生活的描绘；《雅》的部分多为燕乐所用，即使与祭祀相关，也并非用于祭祀；至于《颂》的部分，即便没有直接提及“礼”或祭祀，也多用于祭祀。[⑥] 其实，《雅》之中提到的“礼”，有些也与祭祀相关。[⑦]

---

① 夏传才：《〈诗经〉研究史概要》，中州书画社 1982 年版，第 15~16 页。

② 徐复观：《中国人性论史 · 先秦篇》，上海三联书店 2001 年版，第 40~41 页。

③ 徐复观认为出现了九次，杨志刚认为出现了十次，也许《相鼠》“人而无礼”一句两次出现，徐算作一次，杨算作二次。(徐复观：《中国人性论史 · 先秦篇》，上海三联书店 2001 年版，第 40 页；杨志刚：《中国礼仪制度研究》，华东师范大学出版社 2000 年版，第 87 页。)

④ 徐复观：《中国人性论史 · 先秦篇》，上海三联书店 2001 年版，第 40 页。

⑤ 徐复观：《中国人性论史 · 先秦篇》，上海三联书店 2001 年版，第 40~41 页。

⑥ 参见洪湛侯：《诗经学史》，中华书局 2002 年版，第 22 页。

⑦ 参见梁家荣：《仁礼之辨——孔子之道的再释与重估》，北京大学出版社 2010 年版，第 48 页。

按照《诗经》的体例理解，祭祀之礼仍然最为重要，而《雅》与《风》的部分，其所谓“礼”的意义对《周书》之“礼”确实有极大的扩展，特别是祭祀之外人事意义的扩展，但这并未证明“礼”之中“宗教”因素的坠落。

《诗经·鄘风·相鼠》曰：

> 相鼠有皮，人而无仪！人而无仪，不死何为？相鼠有齿，人而无止！人而无止，不死何俟？相鼠有体，人而无礼！人而无礼，胡不遄死？

《毛诗序》说此诗为“刺无礼”，是卫文公讽刺在位之人“无礼仪”。《鲁诗》则将其解释为“妻谏夫”。根据《左传·襄公十七年》，齐国庆封到访鲁国，他在宴会中“不敬”，鲁国叔孙即赋此诗以示讽谏。[①]君与臣、妻与夫、主与客，讽谏无礼，都取此诗之义。王先谦认为，后来人人表达对无礼行为的讽谏，都可用到此诗。所谓“仪”“止”，《郑笺》解释为“威仪”与“容止”；称“鼠”则由“皮”到“齿”，称“人”则由“仪”到“容”，都是由外到内。由“仪”“止”到“礼”，则如同由“皮”“齿”到“体”，乃是由小节到大节，或者由部分到整体；但“威仪”与“容止”之类，都属于“礼”之一端。[②]

无论居家、在位还是外交，“礼”之小节与大体，“威仪”“容止”乃至诚敬之德，都很重要，《相鼠》直以之为生死存亡的根本。《礼记·礼运》引此诗曰：

---

① 王先谦：《诗三家义集疏》，中华书局1987年版，第247~248页。

② 王先谦：《诗三家义集疏》，中华书局1987年版，第248~249页。

> 夫礼，先王以承天之道，以治人之情，故失之者死，得之者存。《诗》云："相鼠有体，人而无礼！人而无礼，胡不遄死？"

《礼运》的解释强调的即是"礼"为人生死存亡的根本。《左传·定公十年》引此诗论涉佗无礼而见杀，也是印证此意。不过，郑玄《礼记注》对此的解释却是："人之无礼，可憎贱如鼠，不如疾死之意。"对此，苏舆、王先谦引《诗》中多处类似句式加以辨析，认为这里表达的是一种忧患意思。[①] 无论《相鼠》最初的辞意是表达忧患还是一味疾恶，《礼记·礼运》《韩诗外传》《白虎通》等引到此诗时，强调的都是引诗者对"礼"为存亡之根本的判断，以及对无礼行为的忧虑。

《相鼠》所谓"礼"虽然不是关乎祭祀，但其理解"礼"的方式却延续了《洛诰》对祭祀之"礼"的理解。如前所述，在《洛诰》中，周公、成王同样强调"享"中之"仪"的适当与否，强调"礼"之中的絜诚恭敬，不仅如此，他们同样注重"礼"对上下能否相敬相安的作用。《洛诰》与《君奭》最后也将行"礼"责任归结到自我的敬德。《相鼠》所谓"礼"，在诚敬与重视礼仪的精神上大体与此相应，只是已经扩大到了祭祀与政事之外，包括居家、在位与外交等在内的更广泛的范围之中。

《诗经·小雅》有三篇共六次提到"礼"。《十月之交》有："曰予不戕，礼则然矣"；《楚茨》有："礼仪卒度，笑语卒获"，"我孔熯矣，式礼莫愆"，"礼仪既备，钟鼓既戒"；《宾之初筵》有："烝衎烈祖，以洽百礼。百礼既至，有壬有林"。根据传统注疏，三篇大体属于幽王到平王西周衰落的时代。《毛诗序》以《十月之交》为"大夫刺幽王

① 王先谦：《诗三家义集疏》，中华书局1987年版，第249~250页。

也”，《郑笺》以之为“讥皇父擅恣，日月告凶”，后世学者根据其中提到的日食推算其时间为幽王六年。[①]《毛诗序》也以《楚茨》为“刺幽王”，以其“政烦赋多，田莱多荒，饥馑降丧，民卒流亡，祭祀不飨，故君子思古言”[②]，以《宾之初筵》为“卫武公刺时”，以“幽王荒废，媟近小人，饮酒无度。天下化之”[③]。不过，方玉润认为《楚茨》没有一句“伤今”之词，不当理解为刺幽王而“思古”[④]。齐诗与韩诗都以《宾之初筵》为卫武公“悔过”之诗，王先谦认为是在武公作为天子卿士的平王时代。[⑤] 各家意见大体都不出幽王到平王的衰世，虽然《楚茨》确实如方玉润所说没有一词“伤今”，但即使《楚茨》之作仅为描绘行礼的盛况，对比前后各篇描述的幽王无道的现实，这种盛况确实是对时代的讽刺。[⑥] 这三篇诗因此都在一定意义上涉及对“礼”的意义的反思。

《十月之交》的作者认为，所谓“礼”，是无礼的在上者对“礼”的理解和利用。“曰予不戕，礼则然矣”，是幽王宠信的卿相“皇父”奢侈恣肆，残败民众的田业，反而以“礼”为名，说自己并非不良善，只是按照礼行事。但是《十月之交》的作者并不如此认为。当时，“日有食之”，“三川皆震”（《国语・周语》），“今此下民，亦孔之哀”，日月山川出现灾异，民众生活陷入水火，但是“日月告凶，不用其行；四国无政，不用其良”，在上者不能体恤哀矜，任用聚敛荒淫之臣，反

---

① 王先谦：《诗三家义集疏》，中华书局 1987 年版，第 672 页；褚斌杰：《诗经全注》，人民文学出版社 1999 年版，第 228 页。

② 孔颖达：《毛诗正义》，北京大学出版社 1999 年版，第 809 页。

③ 孔颖达：《毛诗正义》，北京大学出版社 1999 年版，第 876~877 页。

④ 方玉润：《诗经原始》，中华书局 1986 年版，第 431 页。

⑤ 王先谦：《诗三家义集疏》，中华书局 1987 年版，第 780 页。

⑥ 孔颖达：《毛诗正义》，北京大学出版社 1999 年版，第 809 页。

以上下之礼为自己辩护。以《周书》所说“敬德”“保民”之“礼”为依据，这不但不是合礼，反而是对“礼”的根本精神的违背。所以，作者在诗的最后慨叹说，“天命不彻，我不敢效我友自逸”。周室上下不能按照“天命”行事，作者不敢安逸怠慢，失去自己的礼敬之心，失去“礼”敬德保民的本意。“皇父”以“礼”为上下等级，《十月之交》的作者则强调“礼”之上下等级敬德保民的意义。

《楚茨》所说“礼”主要是指有节制、有分寸的行事“仪节”，由此成就了神人、上下、男女、兄弟、宾主相敬相和的美好礼乐景象。他们相互交接，有礼有度，“礼义卒度”，有钟有鼓，“钟鼓既戒”，相敬相亲，福德兼备，达到了“孔惠孔时，维其尽之。子子孙孙，勿替引之”的神人和谐、人人和谐的状态。不过，《楚茨》在此之前首先叙述的是民众“除草以种黍稷，收之而盈仓庾”的事务。祭祀而神飨的根本在于能够让民众安居乐业，在于在上者能够“敬德”而“保民”，使得百姓乐业而丰足，在上者才能取充裕的物品祭祀鬼神与上天，如此才不是暴虐下民，才是《周书》所谓祭祀之礼的本意。这种尊重民众、仪乐有度的“礼”，与“皇父”所谓“下供上役”之“礼”形成了直接的对立，与幽王之时政治昏暗的现实形成了鲜明的对比，无怪乎《毛诗序》以之讽刺幽王。

由《十月之交》与《楚茨》可见，当时“礼”的正解不是政治的手段，也不是政治的装饰，仅仅以“礼”为上下等级，以“礼”为统治民众的依据，恰恰是将“礼”用成了非礼；以“礼”为在上者暴虐下民的理由，作为昏暗政治的装饰，恰恰形成了对其所谓“礼”与现实政治的讽刺。

《宾之初筵》所谓“礼”主要是礼物的意思，该篇也涉及祭祀之外许多不同的“礼”，但作者着意强调的不是礼物，也不是仪节与仪式，而是“礼”以“敬德”之意。《宾之初筵》可能是“悔过”之作。根据《洛诰》，周公、成王所论祭祀之义，礼以观德，礼以行德，礼物与礼仪皆所以观德和行德。但是，“宾之初筵”最初确实“温温其恭”“威仪反反”，能够恭敬温和、恪守礼仪，等到饮酒过度便“威仪幡幡”“屡舞仙仙”，礼仪不再，态度随意，以至于“载号载呶”“屡舞僛僛”，大叫大嚷，癫狂乱舞。作者慨叹说，“既醉而出，并受其福；醉而不出，是谓伐德”，宴饮之礼，本为宾主相交的福祉，宴饮过度，荒逸恣肆，便伤风败德了。卫武公身处两周交替之际，他的这种反省不能不说是对周礼深深的忧思，他的“悔过”不能不说是周代在上者对自己行为之合礼与否的担当与反省。他的反思与《洛诰》相比，表面上超出了祭祀的范围，将“礼”敬德的意义拓展到了燕、射等礼之中，但敬德的精神仍然继承了周公、成王的理解，自我担当的精神也一如既往。

《诗经·周颂》中出现了两次“以洽百礼”，与《宾之初筵》中的“以洽百礼”虽然可能有所区别，但都是以祭祀之“礼”为本，试图由此体现在上者在道德上担当整合天下的责任。《丰年》曰：

> ……亦有高廪，万亿及秭。为酒为醴，烝畀祖妣，以洽百礼，降福孔皆。

《载芟》曰：

> ……有实其积，万亿及秭。为酒为醴，烝畀祖妣，以洽百礼。有飶其香，邦家之光。

二者都是祭祀之词，根据《毛诗序》，《丰年》是天子秋天致太平而报丰收之辞①,《载芟》为天子春天行籍田礼而祈社稷之辞②。《丰年》中“以洽百礼”，毛诗与齐、韩都认为是民众富裕了，丰足的物产可以用于祭祀等各种礼仪之中③,《载芟》中的“以洽百礼”，郑玄也解释为酒醴等物品可以用于飨燕等礼之中。④ 两首诗都与《楚茨》一样，首先强调人民安居乐业对祭祀之礼的重要性。不同之处是，《楚茨》只是将其作为理解“礼”的起始，而《丰年》与《载芟》，一属向先祖报丰收之礼，一属向土地祈丰收之礼，正是在祭祀大典中将人民安居乐业作为周礼的根本，“礼”之中保民的意思尤其明显。就祭祀之礼仪来说，其用意也是如此。

所谓“以洽百礼”，无论是祭祀还是飨燕，参与祭祀的任何人都是“礼”的一部分，任何人的行为都是“礼”的一部分，任何人都需要得到尊重和眷顾，任何行为都不能够荒慢或者过度。否则，神人、人人交相和谐的事情便会成为伤风败德的事情，如同《十月之交》讽刺的那样，如同《宾之初筵》反省的那样。不仅如此，参与这种重大祭祀的人，是天子、诸侯、公卿大夫，他们的德行与行为将影响整个天下。天子祭祀这种重大的事情各级在上者如果不能够体现诚敬的德行，他们恐怕也不能够有诚敬的德行以负责一方事务，天下百姓都将受其不良影响。《说苑 · 贵德》引《丰年》诗句后说：

> 圣人之于天下也，譬犹一堂之上也，有一人不得其所者，则孝子不敢以其物荐进。

① 孔颖达:《毛诗正义》,北京大学出版社 1999 年版，第 1325 页。

② 孔颖达:《毛诗正义》,北京大学出版社 1999 年版，第 1353 页。

③ 王先谦:《诗三家义集疏》,中华书局 1987 年版，第 1026 页。

④ 孔颖达:《毛诗正义》,北京大学出版社 1999 年版，第 1359 页。

天子正是通过最为重大的祭祀，体现自己的敬德与保民，实现对臣民的教化，使得天下人如祭祀时一堂之上的所有人，各得其所，无不诚敬而安宁。如此，祭祀的本意才能够体现，天下才真正得到了公平的安顿，先祖与上天才真正得到了絜诚的敬享。

《诗经》中的“礼”没有特别体现出宗教明显的衰落，虽然人事的成分确实得到了极大的扩展，以至于各种仪式、仪节，各种事务、物品，各种人物、人伦都间接地纳入“礼”的范围之中。但这种意义与范围的扩大，总体而言，仍然是以祭祀为核心。不仅如此，正是因为祭祀的至关重要，“礼”的意义和范围才能得到如此的扩展。这种扩展也合乎《周书》所记周公、成王等倡行祭祀，礼敬上天、鬼神以教化下民的本意。不过，“礼”的意义虽然有了扩展，但“礼”的实行出现了各种问题。与此相应，出现了各种“礼”的意义的衍化，“礼”也出现了歧义。特别是西周末期，“礼”一度被简化为上对下的统治，被理解为统治的工具，也一度沦为可有可无的外在形式。诗的作者们在提及“礼”的时候对此做出了深切的反省，对周初“礼”的意义做出了一定的充实。他们更强调“礼”“敬德”“保民”的意义，也叹息礼仪的废弃与礼物的滥用。这是他们在末世处境中对“礼”的意义的具体订正。

## 第三节　“春秋经传”中的“礼”

春秋时期，周室衰微，诸侯争霸，西周初期所定典礼逐渐被废弃与悖逆。《周书》与《诗经》中体现的以天子祭祀之礼整合的范围广泛的“礼”已经不再具有效力。祭祀之礼的衰落极为明显，特别是祭天之礼。时人对“礼”的概念的运用更加多样，“礼”的范围与意义有了更广泛、更明确的分散。虽然“礼”在春秋时期确实有了很大的扩展，但这种扩展已经不是在礼敬鬼神与上天之中得到统一的扩展。有的学者以“人文主义”①、“人道论”② 或“理性化”③ 等概念理解春秋时期“礼”的思想形态。相对所谓西周带有宗教残余的“礼”，如此理解的“礼”被认为是思想的进步。这种理解即便就其自身的立场来说，虽然可能并未高估春秋时期某些思想的价值，却高估了当时思想的统一性。《周书》与《诗经》中“礼”的意义虽然有一定的多样性，但在周礼未改、典章制度与文化形态未曾大变的情况下，以祭祀之礼为核心，它们意义的统一性有系统的保证。春秋时代没有这种统一的保证，诸侯争霸，天下不宁，意义分散多样，共识范围有限。即便试图通过材料的归纳总结“春秋经传”所述当时所谓“礼”的意义的统一性④、趋向⑤或共识⑥，却仍会看到，它们首先只是外在的统一与趋向，缺乏《周书》与《诗经》体现的那种内在精神的统一。

---

① 徐复观：《中国人性论史·先秦篇》，上海三联书店 2001 年版，第 41 页。

② 梁家荣：《仁礼之辨——孔子之道的再释与重估》，北京大学出版社 2010 年版，第 131 页。

③ 郑开：《德礼之间——前诸子时期的思想史》，生活·读书·新知三联书店 2009 年版，第 11 页。

④ 钱穆：《国学概论》，《钱宾四先生全集》，（台北）联经出版事业集团 1998 年版，第 41 页。

⑤ 陈来：《古代思想文化的世界——春秋时代的宗教、伦理与社会思想》，生活·读书·新知三联书店 2002 年版，第 200 页。

⑥ 何炳棣：“原礼”，《二十一世纪》，1992 年第 11 期，第 109 页。

## 一、祭祀之“礼”的命运

祭祀之礼的衰落，鬼神与人事关系的分解，与上下秩序的崩溃是同一个过程。西周通过祭祀之礼形成的天与人、鬼神与民人的关系和人与人之间的上下、亲疏关系，在周公等人理解的敬德保民的精神中属于同一结构，二者的解体过程因此也同一。祭祀之礼的衰落与时人对祭祀之礼意义的阐发与推进，不仅跟上天、鬼神与人之间关系的危机有关，在春秋社会无序的处境中，更与上下、民人关系的危机有关。春秋时人对“礼”的理解延续了周初祭祀之礼重人、重民的精神，同样不可以简单地理解为与宗教相对意义的人文精神。

祭祀之“礼”的衰落并非表现在王室不再重视祭祀鬼神、上天，而是体现于王室不能再以“礼”的精神敬守祭祀，不能再维持“礼”对天下整体的道德统一性。西周祭祀，要求天子身先诸侯，恭敬鬼神，以教天下和敬，以此为基本的道德精神。西周灭亡，首先与王室无礼有关。周幽王无恭敬之心，“烽火戏诸侯”，失信于天下，被视为导致西周灭亡的重要事件（《史记·周本纪》）。东周初建，天子仍然不能敬守天子的身份，以恭敬之心安定天下，反而肆意妄为，为天下效尤。春秋初期，时人即以“礼”的衰落理解周室衰微、天下不宁的根源。例如，《左传·隐公六年》记载，郑庄公朝周桓王，“王不礼焉”；郑庄公对周王说，“我周之东迁，晋郑焉依，善郑以劝来者，犹惧不蔇，况不礼焉，郑不来矣”，他认为，周王如果不能恭敬自持，尊重立国有功的郑国，将失去郑国这一依靠。周室衰落的原因，对周室来说，首先不在臣民不敬周天子，而是周天子自己不能够敬安诸侯与臣民，祭祀鬼神、上天以教、上下相敬相亲的“礼”意因此被周天子自己破坏。

周天子的不敬不仅体现在朝会上，更加体现在军事与立后等国家大事上。周桓王的曾孙襄王联合狄人与郑国发生战争，并且以狄人之女为王后，富辰劝谏说这种做法“外利离亲”，没有做到“尊贵、明贤、庸勋、长老、爱亲、礼新、亲旧”，“礼”的意义在于“新不间旧”（《国语·周语中》）。富辰其实在三个层面理解了“礼”：首先是“礼新”，对新近交往者的尊敬是“礼”；其次是“新不间旧”，对故旧的亲近，“新”“旧”亲疏的差等都是“礼”；最后，不可“外利离亲”，就其以亲疏内外的差等为基本原则来说，也应该属于“礼”的意义，并且分了尊敬尊贵者、推明贤能者、征用有功者、以年长者为长、以亲近者为亲、对新交者恭敬、对故旧者亲近几个方面，因此，尊卑、贤愚、功过、长幼、亲疏、新旧的差等都是“礼”的体现。富辰理解的这三个层面的“礼”与周桓公理解的“礼”一样，都是对周初祭祀之“礼”敬德与保民思想的具体发挥。富辰理解的“礼”在于依据尊卑、贤愚、功过、长幼、亲疏、新旧的次序安定天下，周桓公则重点强调其中行礼者自身的“敬”意。周室率先破坏华夏与夷狄内外次序，华夏诸侯不再容易被团结；周室率先破坏功过的次序，华夏诸侯不再轻易为周室效力。因此，祭祀之“礼”的衰落体现在天子不再能够以“礼”的道德精神整合上天与下民、在上者与在下者。

祭祀之“礼”只剩下仪节等有限的范围，但它仍然重要，春秋时人对祭祀仪节的意义仍然有非常丰富的阐发。周公曾经担心后世不能敬德保民，天命将如同殷代夏、周代殷一样，改换到其他宗族身上（《尚书·君奭》）。他的忧虑不仅在后人是否能够奉守祭祀，更在他们是否能够通过敬守祭祀的大事，担当敬德、保民的天下大任。西周末年到东周，周室的命运确实印证了周公的忧虑。但由于周初封建同姓与有功诸侯存续前代先王后嗣社稷，建立了爱亲、尊贤、赏功、亲旧等道德精神与实践格局，周室虽然衰微，仍然得以继续郊天祭地，续守宗庙，保持天子的名号。

祭祀及其精神在春秋时代有一定限度的延续和发挥，时人也多以周公的思路理解祭祀的精神与个人、家、国的命运。《左传·成公十三年》记载，刘康公说：

> 民受天地之中以生，所谓命也。是以有动作礼义威仪之则，以定命也。能者养之以福，不能者败以取祸。是故君子勤礼，小人尽力。勤礼莫如致敬，尽力莫如敦笃。敬在养神，笃在守业。国之大事，在祀与戎。祀有执膰，戎有受脤，神之大节也。

所谓“祀有执膰，戎有受脤”，孔颖达疏曰：“宗庙之祀，则有执膰，兵戎之祭，则有受脤”[①]。“祀与戎”通常理解为祭祀与军事，但在刘康公的言说中强调的是祭祀的两种面向，“祀”是宗庙祭祀，“戎”是出师之前的祭社。“君子勤礼，小人尽力”体现在“祀”与“戎”分别需要遵守“致敬”与“敦笃”的精神，因此也可以理解为“礼”的两个方面。《尔雅·释天》曰：“起大事，动大众，必先有事乎社而后出，谓之宜。”[②]“执膰”与“受脤”是出师前分享祭肉的仪节，但成肃公“受脤于社，不敬”，刘康公认为成肃公“惰弃其命”，恐怕行军有失而不得反，后来成肃公果真“卒于瑕”。无论是宗庙祭祀还是兴兵出师，其所要求的“敬”的精神都需要由祭祀体现和培育。刘康公将“动作礼义威仪之则”视为敬定天命的根本，以之为存亡福祸的根基，强调的是通过仪节体现和培育恭敬的精神。这些思想与周公大体一致，只是

① 孔颖达：《春秋左传正义》，北京大学出版社1999年版，第756页。

② 陈成国：《先秦礼制研究》，湖南教育出版社1991年版，第305页。

周公以之为理解整个天下与邦国的天命，刘康公则将其扩展至所有的个人与民众。“天”在所有个人之上，在所有家、国之上，在天下之上，个人与家国天下都需要敬守其礼，以敬定自身的天命。祭祀仪节的衰落反而是行礼的个人、家、国与天下道德精神的丧失以及命运岌岌可危的体现。

刘康公对“礼”的仪节的强调为许多春秋贤达认同。早在春秋初期，宋华督弑君，贿赂齐、陈、郑、鲁等国，以获得认可，鲁桓公将宋国所贿大鼎“纳于太庙”，《左传》以之为“非礼”。臧哀伯劝谏说：

> 君人者将昭德塞违，以临照百官，犹惧或失之。故昭令德以示子孙。
>
> 今灭德立违，而寘其赂器于大庙，以明示百官，百官象之，其又何诛焉？（《左传·桓公二年》）

没有天子与方伯以“礼”定正天下秩序，鲁、宋等国都出现了君臣相弑的局面。整个天下“礼”的秩序已经丧失，各家、各国只能各寻其命。臧哀伯从一国的荣辱安危出发，向鲁桓公阐述了宗庙礼器对国家的重要意义。在他看来，太庙为祭祀之处，种种设施与器物、仪节与文饰本来应当遵循“俭而有度”“登降有数”，有“文物以纪之”，有“声明以发之”的原则，从而体现“敬德”的精神，以作为百官与民众的表率，确立国家的和谐秩序；鲁桓公却以叛乱与贿赂所得的器物藏诸太庙，等于是向臣下与国民宣示，叛乱与贿赂也成了可以接受甚至正当的行为；既然如此，鲁国以后不但没有理由惩罚违礼乱纪的事情，反而会促成各种悖逆的“非礼”行为。

对刘康公与臧哀伯来说，祭祀之“礼”体现的不仅是对天下单一和谐整体的关注，也是在天下不再和谐的处境中，对个体与家、国各个层次的整体的道德担当。祭祀之“礼”因此被视为个人、家、国、天下道德状况的反映，也是个人、家、国、天下兴衰存亡命运的体现。

总之，春秋时期，祭祀之礼的衰落过程也是天子诸侯上下秩序崩溃的过程。但是仍然有许多重要的春秋思想家继承和发展西周的“礼”的精神，阐发和强调祭祀之礼作为道德状况的先导与表征的重要意义。

## 二、对“礼”的基本形态的理解

“礼”的所指在人事范围中的扩大，在相对意义上是祭祀之“礼”在春秋时期衰落的另一表征。不过，由于祭祀之“礼”本身便体现了对民人的重视，对“礼”的人事意义的强调并不一定意味着对祭祀之“礼”的限定，反而可能是其题中应有之义。

春秋时所谓“礼”的范围的确极为多样，祭祀之“礼”确实已经丧失了对“礼”的各种意义的统摄作用。传统以祭祀为核心的“礼”之外，“名”与“文辞”是“礼”，器物、仪节、音乐是“礼”，国家体制、宗族制度、立身原则都在某种意义上被认为是“礼”。春秋时期，人文的因素属于“礼”的范围，自然与鬼神等也属于“礼”的范围。问题只是，在祭祀之礼衰落的情况下，在其背后看不到新的统一的依据。“礼”的意义的缺乏统一确实表现为祭祀之“礼”与人事之“礼”的分裂。而在人事之“礼”的范围内，这种分散既表现在春秋时人对“礼”的形态与意义理解的不同，也表现在时人对相关形态与意义的“礼”的取舍往往各不相同。

第一，以“名”为“礼”。《左传·桓公二年》记载，师服说：

> 夫名以制义，义以出礼，礼以体政，政以正民，是以政成而民听，易则生乱。

师服以“名”为“义”、“礼”以及政事的根据，名正而礼正，礼正而民正，否则便可能悖乱无序。他的话批评的是晋穆公以“仇”与“成师”给太子及其弟命名。师服的批评没有得到国君的重视，“名”的混乱逐渐成为常态。与之形成鲜明对比的是，宋国出现水灾时，宋国公子御说用“名”之正，受到鲁国臧文仲的称扬。《左传·庄公十一年》记载：

> 臧文仲曰：“宋其兴乎？禹、汤罪己，其兴也悖焉。桀、纣罪人，其亡也忽焉。且列国有凶，称孤礼也。言惧而名礼，其庶乎?”既而闻之曰：“公子御说之辞也。”臧孙达曰：“是宜为君，有恤民之心。”

当国家有难，宋国公子称“孤”而“罪己”，臧文仲认为他“言惧而名礼”，因为其所用之“名”体现了恤民与罪己的精神。晋国太子取名不正，师服认为晋国容易生乱，宋国公子言名合礼，臧文仲认为宋国可能兴盛。由此可见，“名”作为载体所表达的“礼”具备了西周所谓“礼”敬德与保民的意义。

第二，以“文辞”为“礼”。“文辞”是“名”的扩展，具有“礼”的意义，就原则而言，自然而然。但事实上，由于情境的差异，春秋时人有时对此也有异议。《左传·襄公二十七年》记载，宋国向戌希望说服诸侯弭兵，多方奔走，成功取得了诸侯弭兵的共识。

> 宋人享赵文子，叔向为介。司马置折俎，礼也。仲尼使举是礼也，以为多文辞。

诸侯连年征战，尽皆弊病，向戌接连以言辞说服晋、楚、齐、秦，使得诸侯大国同意弭兵。在此情况下，宋国行聘礼，接待晋国赵文子叔向等，孔子认为有“礼”，特别赞誉其中的“文辞”。据服虔说，“以其多文辞，故特举而用之，后世谓之孔氏聘辞。以孔氏有其辞，故传不复哉也”①。当时聘礼的文辞受到重视，传到了孔子，孔子将其传到了后世。孔子对其为“文辞”意义的重视延续了前人的认识。

不过，春秋时人对“文辞”的态度并不一致，也有人限制“文辞”之“礼”的思想。《左传·昭公二十六年》记载，王子朝争夺王位，失败后逃往楚国，他发布文书，遍告诸侯，所用“文辞”盛称先王之德，宗周礼法，颇为合“礼”。但是，时人对其“文辞”表示了异议：

> 闵马父闻子朝之辞，曰：“文辞，以行礼也。子朝干景之命，远晋之大，以专其志，无礼甚矣，文辞何为？”

闵马父认为，“文辞”本身是用以行礼，但如果所行无礼，“文辞”有礼也不足以谓之“礼”。王子朝私行己意，违背周礼立嫡之制，联合蛮夷的楚国对抗同姓的晋国，争夺王位，反倒口口声声以周礼为据，“文辞”再合礼，也不能使其行为有礼。当然，闵马父并不反对以“文辞”行礼，他反对的是以“文辞”为“礼”。他对“礼”的意义的限定与他

① 洪亮吉：《春秋左传诂》，中华书局1987年版，第592页。

批评王子朝的情境有关。只不过，他不是仅仅说王子朝的“文辞”不合“礼”，而是对“礼”的意义做了限定。就“礼”的意义本身而言，不能不说这是对“文辞”之为“礼”的异议。

第三，以“器物”为“礼”。“器物”是礼的基本载体，“礼”的初字“豊”的原初含义即与器物相关，春秋时代的“礼”关涉的器物的范围更加广泛。《左传·桓公六年》，鲁桓公太子出生，问名于申繻，申繻说，“以器币则废礼”。这意味着，“器币”等物即有“礼”的意义，或者说是“礼”的基本载体。《左传·襄公二十九年》，臧武仲说，“夫大伐小，取其所得以作彝器，铭其功烈，以示子孙，昭明德而惩无礼也”，是以“彝器”作铭，以明有德而惩无礼，“彝器”表达了家、国、天下至为重大的“礼”的意义。《左传·桓公二年》记载臧哀伯的话说：

> 清庙茅屋，大路越席，大羹不致，粢食不凿，昭其俭也；衮冕黻珽，带裳幅舄，衡紞纮綖，昭其度也；藻率鞞鞛，鞶厉游缨，昭其数也；火龙黼黻，昭其文也；五色比象，昭其物也；锡鸾和铃，昭其声也；三辰旂旗，昭其明也。

臧哀伯所述器物的范围极其广泛，从宫室到食物，从衣冠到饰品，从陈设物件到雕绘内容，从礼器到乐器，从车马到旌旗等，凡宗教、人事方方面面可能用到的器物都包括在“礼”之中。尽管如此，“器物”本身并非即是“礼”。臧哀伯所说，要有节有度，要制有宜，否则，鲁桓公所取宋国贿赂的大鼎，即便大有讲究，大有来历，也是非礼。所行无礼，但以贵重的彝器作为礼置于宗庙，有鲁桓公；所行无礼，但认为有丰厚的物品进献神灵，便可取得神灵的护佑，春秋时更是大有人在。

“器物”固然是行礼的基本载体，甚至可能是“礼”字的本初义或通行义，但春秋时还是有许多人强调“器物”作为“礼”的限度。《国语·周语上》记载，内史过说，“昭明物则，礼也”。其所谓“物”的范围可能不限于现代所谓“器物”，但现代所谓“器物”也包含在其中；“器物”需要按照一定的精神理解和运用，才能称得上是“礼”。根据《左传·哀公七年》记载，子服景伯说，“制礼上物，不过十二”，也是说以“物”为“礼”需要有一定的度数。“器物”被许多春秋时人视为“礼”，但更多春秋时人表达了对“器物”之为“礼”的意义的限定。

第四，“仪节”是“礼”的通行意义之一。在周初以来的祭祀之“礼”中，仪节是“礼”的一种基本意义。刘康公等以“仪节”为“定命”的依凭，以“仪节”体现的精神为个体与国家存亡的征象。如前所述，对春秋时一些贵族士大夫而言，能否在祭祀“仪节”的范围内奠定敬德保民的精神，确立亲疏、上下的和谐，是个体、家、国与天下兴衰存亡的重要表征。不过，祭祀之外的“仪节”也得到了很大程度的重视。《左传·文公十八年》记载，季文子使大史克对鲁君说：

> 先大夫臧文仲，教行父事君之礼，行父奉以周旋，弗敢失队。

大史克指出，周旋、进退、仪表、容止都可说是“礼”，以之作为“事君”的重要内容，并引“周公制周礼”所谓“则以观德”加以说明。自臧文仲开始以此为教礼的内容，这一重视“仪节”的传统得到了一定程度的延续。

但是这种延续并不完备。《左传·昭公七年》记载，鲁昭公出访楚国，途中受郑国国君款待，“孟僖子为介，不能相仪”，到楚国之后，

“不能答郊劳”。所以，昭公一行从鲁国回国后：

> 孟僖子病不能相礼，乃讲学之，苟能礼者从之。及其将死也，召其大夫曰：“礼，人之干也，无礼，无以立。吾闻将有达者，曰孔丘，圣人之后也，而灭于宋。其祖弗父何，以有宋而授厉公。及正考父，佐戴、武、宣，三命兹益共。故其鼎铭云：‘一命而偻，再命而伛，三命而俯，循墙而走，亦莫余敢侮。饘于是，鬻于是，以糊余口。’其共也如是。臧孙纥有言曰：‘圣人有明德者，若不当世，其后必有达人。’今其将在孔丘乎？我若获没，必属说与何忌于夫子，使事之而学礼焉，以定其位。”故孟懿子与南宫敬叔，师事仲尼。

孟僖子从君出访，职责是为君相礼，在郊劳等外交大事之中不明仪节，不知所从。他回国之后，悔恨不已，故此大力倡导讲论礼仪之学。逝世之前，他郑重强调了“礼”的重要性，以“礼”为“人之干”，“无礼，无以立”。他所谓“礼”，应该首先是指容止、仪表、言辞、进退之类。他赏识孔子，称述其先人正考父，引述的鼎铭也强调“礼”仪容、进退的意义。正是因为鲁国有重视礼仪的传统，以及孟僖子出自个人经验对礼仪的重视，孔子开始了自己以礼授徒的生涯。

不仅鲁国，其他诸侯国也有许多贵族士大夫重视“仪节”的意义。《左传·襄公二十九年》记载：

> 齐高子容与宋司徒见知伯，女齐相礼。宾出，司马侯言于知伯曰：“二子皆将不免。子容专，司徒侈，皆亡家之主也。”知伯曰：“何如？”对曰：“专则速及，侈将以其力毙。专则人实毙之，将

及矣。”

齐国高子与宋国司徒拜访晋国知伯，高子仪容专横，宋司徒行事过度，司马侯据此推断，高子专横，容易招致祸患，司徒过度，终将疲敝败亡。司马侯的评判正是以日常“仪节”为“礼”，以之为德行与存亡的征象。大史克、孟僖子等许多春秋时人都强调“仪”之为“礼”，将其作为事君与观德的凭借，这一传统久远而顽强。因此，即便春秋中后期，如陈来所说，情况大变，诸国君臣不再能够重视“礼仪”①，但重视“礼”之“仪节”意义的传统并未因此而中断。

然而，当时也有一些著名的人物明确表达了对以“仪”为“礼”的反对。在孟僖子从鲁昭公出访楚国“病不能相礼”之前，鲁昭公反而曾经因为自己能够做到容止和仪，受到不“知礼”的批评。《左传·昭公五年》记载：

> 公如晋，自郊劳至于赠贿，无失礼。晋侯谓女叔齐曰：“鲁侯不亦善于礼乎？”对曰：“鲁侯焉知礼？”公曰：“何为？自郊劳至于赠贿，礼无违者。何故不知？”对曰：“是仪也，不可谓礼。礼，所以守其国，行其政令，无失其民者也。”

鲁昭公因为从郊劳到赠贿，容止进退没有违背其应有的仪节，因此受到晋侯的赞赏，认为他“善于礼”。这种以“仪”为“礼”的理解，与前述季文子、孟僖子等人的观点相同。女叔齐则表达了一种不同的理解。他在“仪”和“礼”之间做了区别，认为容止、进退之类只能称为

① 陈来：《古代思想文化的世界——春秋时代的宗教、伦理与社会思想》，生活·读书·新知三联书店2002年版，第201~202页。

“仪”，不能称为“礼”；“礼”是守国而行政令的凭借，是得民的依据。在他看来，鲁君只能算是懂得仪节，他作为国君，没有真正“知礼”。女叔齐对“礼”的理解确实更加精妙，也为孔子等继承。但他的理解相对臧文仲、大史克以及同时代的孟僖子等来说，只是不同的一种，因为后者也从“事君”等国事层面理解“礼”，但将外交等事务中的“仪节”也包括进去。

《左传·昭公二十五年》记载，子太叔[①]也认为，“仪”与“礼”之间当做区分：

> 子大叔见赵简子，简子问揖让周旋之礼焉，对曰：“是仪也，非礼也。”

子太叔引述了子产对“礼”的理解，说明“周旋”只能称为“仪”，不足以称为“礼”。不过，子产将“礼”的意义在天地人更为深广的层面做了发挥，以“礼”为“天之经”“地之义”“民之行”，与女叔齐对“仪”之为“礼”的反对立场并不完全统一。可见，对“仪”是否为“礼”，在何种意义上是或不是，春秋时人的理解比较多样。

“名”“文辞”“器物”“仪节”，都是有限意义的“礼”。春秋时人对其为“礼”的意义的理解各不相同，在一定意义上，它们都被当成了体现“礼”的部分内涵的载体。然而，载体意义的“礼”并非仅限于此，因为“名”“文辞”“器物”“仪节”是更具整体意义的“仪式”“制度”“生活方式”的部分。钱穆曾说，“礼者，要言之，则当时贵族

---

① 大和太是通假字。

阶级一切生活方式也”[①]。他总结《左传》中述“礼”的言论说，“凡当时列国君大夫所以事上、使下、赋税、军旅、朝觐、聘享、盟会、丧祭、田狩、出征，一切以为政事、制度、仪文、法式者，莫非‘礼’”[②]。徐复观也认为，根据《左传》和《国语》，春秋时代的“礼”，“不仅范围了人生，而且也范围了宇宙”[③]，不仅是人的“生活方式”，也是与宇宙发生关系的方式。

不过，徐复观仅仅强调“礼”不同于宗教的人文意义。虽然钱穆也没有特别注意祭祀之“礼”的意义，但他所说的“丧祭”到底关系到上天与鬼神，不在徐复观所论之列。钱穆所说“礼”的范围包含了祭祀，徐复观所谓“礼”纳入了宇宙，但二者的总结，就其为“制度”“仪文”而言，就其为外在的“生活方式”或政治形式而言，突出的是“礼”的外在形态，仍然不出“礼”之载体的意义。可以以“仪式”这一概念理解与人类或自然、上天或鬼神发生特殊关系的祭祀、朝会、宴飨等事务，这些仪式将各种文辞、器物与仪节囊括在自身之中，成为整体意义的“礼”；也可以以“制度”这一概念理解关乎人事与自然、上天与鬼神的名、文辞、器物、仪节、仪式必须遵循的固定规则，这种规则通过对各种政事、仪式、仪节、器物等的规定，而成为更具整体意义的“礼”；至于“生活方式”，则包括了更多宽泛细琐的载体意义的“礼”，以更为宽泛而细琐的方式将其纳入更加整体意义的“礼”。不过，无论是零碎的“名物”“仪节”等因素，还是整体的“仪式”“制

---

① 钱穆：《国学概论》，《钱宾四先生全集》，（台北）联经出版事业集团 1998 年版，第 38 页。

② 钱穆：《国学概论》，《钱宾四先生全集》，（台北）联经出版事业集团 1998 年版，第 41 页。

③ 徐复观：《中国人性论史・先秦篇》，上海三联书店 2001 年版，第 41 页。

度”“生活方式”，都可以区别于“礼”之内涵。同样一种“名物”与“仪节”、“仪式”与“制度”以及“生活方式”，如果对其内涵的理解不同，如果它们体现的内涵不同，最终到底是成其为“礼”还是“非礼”，都是需要加以辨析的事情。

春秋时期，“仪式”是确立“制度”的基本方式，“仪式”也是“生活方式”中最正式的部分，是确立“生活方式”的基本形式。春秋时代，完整的“制度”不是由成文的文书确定，而是通过多方参与的正式“仪式”确定。周公、成王期望天子祭祀等仪式发挥这样的作用。在周室衰微之后，天子祭祀、朝会的仪式不再重要。但是，尽管春秋时人的理解和选择各不相同，诸侯盟会之类的仪式一度成为当时最为重要的政治事件，“仪式”的“制度”与典范意义仍然受到多方重视。春秋时期，周王室仍然试图通过“仪式”传达“制度”精神，《左传·宣公十六年》记载：

> 冬，晋侯使士会平王室，定王享之。原襄公相礼，殽烝，武子私问其故。王闻之，召武子曰：“季氏，而弗闻乎？王享有体荐，晏有折俎。公当享，卿当宴，王室之礼也。”武子归而讲求典礼，以修晋国之法。

晋国的士会出访东周，周定王以宴飨之礼接待，他对“殽烝”并不理解，周定王告诉了他宴飨仪节体现的礼制，他据此回国后在晋国讲求礼法制度。

《国语·周语中》也记述了这一事件，引述了其中对“礼”的示范意义的阐发：

> 女今我王室之一二兄弟，以时相见，将和协典礼，以示民训则。

天子与诸侯朝会相见，使得朝会相见成为郑重的“仪式”，从而“和协”地确立典礼制度，为民众的行为确立行事的规范，这种对“仪式”确立“制度”与规范意义的强调是西周以来的传统理解。

通过“仪式”确立“制度”与规范，在天子之礼衰落的情况下仍然是当时的常态，春秋时人即是据此理解朝会等“仪式”的意义。《国语·鲁语上》记载，曹刿对鲁庄公说：

> 夫礼，所以正民也。是故先王制诸侯，使五年四王、一相朝。终则讲于会，以正班爵之义，帅长幼之序，训上下之则，制财用之节，其间无由荒怠。

班爵、长幼、上下等制度乃至经济制度，都需要通过定期的朝会确立。曹刿并非将制度视为成文的律法乃至抽象的规则，而是通过朝会等实践活动理解它的存在与意义。春秋时代，诸侯的朝会与盟会的作用取代了诸侯与天子的朝会。

晋国久为诸侯霸主，晋国的叔向便特别强调朝会的意义：

> 会朝，礼之经也；礼，政之舆也；政，身之守也。怠礼失政，失政不立，是以乱也。(《左传·襄公二十一年》)

孔颖达解释说，“会以训上下之则，朝以正班爵之义，会朝为礼之常法也”①。

① 孔颖达：《春秋左传正义》，北京大学出版社1999年版，第976页。

会朝确立上下、班爵等制度，成为礼的“常法”。制度的确立不是通过一纸文书，不是通过一声令下，而是通过人参与有严肃意义的仪式而实现。“仪式”因为这种意义而成为春秋霸主为天下定制度的方式。

这也是小国接受的方式。《左传·昭公三年》记载，子太叔说：

> 昔文、襄之霸也，其务不烦诸侯，令诸侯三岁而聘，五岁而朝，有事而会，不协而盟。

根据子太叔的叙述，春秋霸主不是通过确立新法或者号令权制天下，仍然是通过朝会确定诸侯之间的秩序。子太叔赞成的是通过朝会确立的制度，他说这句话时反对的是晋国劳烦诸侯，朝会无度，失去了确立为能够为诸侯接受的制度的作用，所以他说，“晋将失诸侯”。子太叔从诸小国的立场出发，强调朝会确立为能够为诸侯共同接受的制度的重要性。可见，无论大国还是小国，都重视朝会等“仪式”确立共同的“制度”与“规范”的意义。

不仅中原诸国重视朝会等仪式的作用，被视为蛮夷的楚国也是如此。《左传·昭公四年》记载：

> 楚子合诸侯于申，椒举言于楚子曰：“臣闻诸侯无归，礼以为归。今君始得诸侯，其慎礼矣。霸之济否，在此会也。夏启有钧台之享，商汤有景亳之命，周武有孟津之誓，成有岐阳之搜，康有酆宫之朝，穆有涂山之会，齐桓有召陵之师，晋文有践土之盟。”
>
> 楚子示诸侯侈，椒举曰：“夫六王二公之事，皆所以示诸侯，礼也。诸侯所由用命也。夏桀为仍之会，有缗叛之；商纣为黎之搜，东夷叛之；周幽为大室之盟，戎狄叛之；皆所以示诸侯汰也，

诸侯所由弃命也。今君以汰，无乃不济乎？”

楚国椒举劝谏楚王重视朝会之礼，将朝会之礼视为“六王二公”所以平治天下的依据，将朝会之无礼视为桀、纣、幽王败亡的原因。根据他的理解，及当时参与朝会的左师、子产等人对朝会之礼的讲究，他之所以反对楚王的“汰”，同样是因为那种汰侈的态度违背了通过和同诸侯以确立诸侯间制度的本意。

所以，无论对天子还是诸侯，对大国还是小国，对“华夏”还是“蛮夷”，尽管他们的立场常常相互冲突，诸侯盟会与天子之间有冲突，大国与小国之间有冲突，但他们都试图通过朝会确立对自己有益的共同的制度。然而，这也是他们理解“礼”的分歧之所在。叔向对朝会“仪式”意义的阐发，是立足于晋国中原霸主的地位；子太叔对朝会“仪式”意义的理解，是立足于郑国中原小国的位置；而楚国椒举对朝会“仪式”的理解，则是着眼于楚国取中原王、霸而代之的视野。三者对周室之“礼”的意义各有所取，而相对周室祭祀、朝会“仪式”所定的制度，晋国有篡逆之嫌，郑国有不轨之嫌，楚国则有敌对之实，都可能是“礼”或者“非礼”。上述诸人对“仪式”意义的重视和阐发表面上有一定共识，实际上并不统一。

春秋时期，“名”“言”“物”“仪节”“仪式”“制度”都在各种不同的意义上被视为“礼”，西周以“仪式”确立“制度”的传统有一定程度的延续，不过，春秋时人对这些因素之为“礼”的意义也有各种不同的限定乃至否定。

### 三、有关“礼”的内在含义的争议

“礼”的内涵或更为深层的精神是春秋时人讨论更多、分歧也更多的问题。“名物”“仪节”之为“礼”，只是作为“礼”的载体，因为仅有它们并不足以成其为“礼”；同样，更具整体意义的“仪式”与“制度”之为“礼”，也是作为“礼”的载体，因为仅有它们同样可以是“礼”，也可以是“非礼”。对“礼”的精神与内涵的理解也是多种多样，甚至相互冲突。虽然春秋时人对载体意义的“礼”相对而言有较多共识，但由于他们对“礼”的精神与内涵的理解多样，某种被视为“礼”的因素到底是“礼”还是“非礼”，在何种意义上是“礼”或“非礼”，也极其多样，甚至相互矛盾。与西周相比，整体而言，春秋时期“礼”的分散和混乱导致了许多问题。就局部来说，春秋贤达对“礼”的阐发彰显了更多可能。春秋时期有关“礼”的思想有其部分的严正意义和外在的整体形态，却并不具备内在的统一精神。

春秋时人已经开始以祭祀之礼的命运理解当时思想状况的混乱无序。《国语·鲁语》记载，鲁庄公准备前往齐国，参观齐国的社祭。曹刿劝谏说：

> 天子祀上帝，诸侯会之受命焉。诸侯祀先王、先公，卿大夫佐之受事焉。臣不闻诸侯相会祀也，祀又不法。君举必书，书而不法，后嗣何观？

天子祭祀上帝，诸侯参与助祭，诸侯祭祀先王、先公，卿大夫参与助祭；通过祭祀的仪式，君臣受命，确立各自相应的德行与规范；有关人员将其行事的当否记录下来，以为后世仿鉴。曹刿认为，按照“先王之训”，天子、诸侯、卿大夫各有祭祀的对象，各有祭祀的主次，不应该私自参加分外的祭祀。曹刿的劝谏没有得到鲁桓公的采纳。春秋时代，这种次序被打破，天子即便仍然祭祀最高的神灵上帝，也没有能够得到天下诸侯的协助；诸侯即便仍然祭祀先王、先公，也不能整合一国的卿大夫参与。不仅如此，天子、诸侯，君臣、上下，要么废弃祭祀，要么过度祭祀，不一而足。

《国语·楚语》记载了观射父叙述的“民神杂糅”“绝地天通”的传说，许多学者仅仅将其视为对古史的追述。其实，这一传说也反映了他理解时代精神状态的方式。观射父说，“古者民神不杂”，“民神异业”，有专职的“巫”“觋”，负责沟通神人，是以神人能够各安其位，相互和谐。但到少昊之世，“九黎乱德”，“民神杂糅”，人人都能够成为“巫”“史”，民神同位相狎，祭祀荒滥无度，混乱无度。有鉴于此，颛顼“乃命南正重司天以属神，命火正黎司地以属民，使复旧常，无相侵渎，是谓绝地天通”，颛顼使重、黎专司祭祀，确立了人神关系的规范，恢复了天人上下的次序。历经唐虞三代，重、黎都受命分叙天地，负责天地的祭祀。而到西周宣王时，重、黎失去了世代官守，造成了另一个“民神杂糅”的时代。

观射父对“绝地天通”传说的叙述是否符合前代的史实并不能直接确定，可以确定的是，他对这一传说的理解与推演反映了他对周宣王之后春秋时代宗教状况的观察和理解。观射父所述“绝地天通”符合他与曹刿所述周礼上下有序的形态。观射父对这种宗教形态的意义做了阐发：

> 祀所以昭孝息民、抚国家、定百姓也，不可以已。夫民气纵则底，底则滞，滞久而不振，生乃不殖。其用不从，其生不殖，不可以封。是以古者先王日祭、月享、时类、岁祀。诸侯舍日，卿大夫舍月，士、庶人舍时。天子遍祀群神品物，诸侯祀天地、三辰及其土之山川，卿大夫祀其礼，士、庶人不过其祖。

根据观射父的理解，之所以需要通过祭祀确定上下的次序，因为人在自己与天地、鬼神发生关系的活动中非常容易陷入放纵过度与穷尽疲敝的恶性循环。祭祀是人与最为重要的他者发生最为正式的关系的活动，民众在这些活动中没有节度，过度或者不及对民众自身便是极大的伤害，不利于人类的繁衍持存。所以，春秋时代重新陷入“民神杂糅”的境地，意味着民众与天地、鬼神以及与自己的关系繁复无序，混乱不堪。

这种状况特别反映在春秋时人以“天”论“礼”的观点的无序多样性之中。西周时代，“天”是最重要的存在，高于通常意义的“鬼神”。“礼”与“天”的关系是西周时期理解“礼”最重要的面向。西周文化属于“绝地天通”时代，民神异业，天人相分而有序。西周文化也是强调“敬德保民”的文化，民为神主，天民合一而同道。因此，对西周文化来说，天人相分，乃是敬天，避免的是民神互狎，民众不能够尊天而自重；天人合一，乃是亲民，避免的是以天为名，民人特别是在上者不能亲天而爱人。西周的祭祀之礼即是在敬事天地鬼神的同时体现了敬德保民的精神，由此形成的上下秩序也需要体现这一精神。在上者与在下者能够相分，所以在下者不应肆无忌惮，蛮荒无度；在上者与在下者能够合一，所以在上者不应无所顾忌，暴虐百姓。西周祭祀之礼的衰落意味着这种天人上下秩序与精神的衰落。尽管春秋时期许多贵族士大夫在各种面向继承和发挥了天人分合的思想，但他们对天人关系及其精神的理解大多已经与西周文化大异其趣。“民神杂糅”意义的天人合一可能使得民众上下以自己无度的欲念为天意所在；“民神杂糅”意义的天人相分可能意味着民众上下两相隔绝、刻薄寡恩乃至相互摧残。春秋时人对天人的分与合，对天人关系意义理解的多样与无序，可以说是一种混乱无序的“民神杂糅”。

首先，春秋时人对天人合一与天人相分的意义有各种歧异的理解，其所导出的"礼"与"非礼"的后果存在很大的差异，甚至相互冲突。

就天人相分而言，有人仍然按照西周的方式，以与人相分的天为地位或权能在人之上的天。《国语・周语》记载，叔向解释《诗・昊天有成命》，分析此诗体现的是成王的精神说，"夫道成命者，而称昊天，翼其上也"。叔向即是按照西周初期对"天"的理解，以"天"为在上的存在。作为在上的存在，"天"自然与在下的"人"相分，人当敬天、辅天而成天之所命。这种"天"可能有主宰或者神灵的意义，也可能仅仅具有教化与秩序的意义。《左传・襄公九年》记载，郑国与晋国盟誓时说：

> 天祸郑国，使介居二大国之间。大国不加德音，而乱以要之，使其鬼神不获歆其禋祀，其民人不获享其土利，夫妇辛苦垫隘，无所底告。自今日既盟之后，郑国而不唯有礼与强，可以庇民者是从，而敢有异志者，亦如之。

郑国与晋国的盟誓，面对的是作为其盟誓见证者而高高在上的天地鬼神，其所理解的"天"便有对人类施加福祸的权能，因而是具有主宰或者神灵意义的"天"。

不过，有的春秋时人对盟誓之类仪式中天地鬼神的理解，却可能并未预设主宰或神灵意义的"天"，而更多是将其作为教化与政治功能的因素。《国语・楚语下》记载，观射父对楚昭王说：

> 上所以教民虔也，下所以昭事上也。天子禘郊之事，必自射其牲，王后必自舂其粢；诸侯宗庙之事，必自射牛，刲羊、击豕，夫

> 人必自舂其盛。况其下之人，其谁敢不战战兢兢，以事百神！天子亲舂禘郊之盛，王后亲缫其服，自公以下至于庶人，其谁敢不齐肃恭敬致力于神！民所以摄固者也，若之何其何之也！

上下的职责分别是教化与施行。在上天率先敬献鬼神，正是为了教化民众能够像他们一样敬事在上者，即便神灵并不发生任何主动的作用。当然，观射父可能并未将天地鬼神的教化和政治功能与其主宰与神灵的意义绝对分割开来。但是，对天地鬼神政治功能的强调，以及天人相分的意义，可能为在政治意义上否认上天留下了余地。

楚灵王希望得到天下，贞卜没有得到吉利的结果，他“投龟诟天而呼曰：‘是区区者而不余畀，余必自取之’”（《左传·昭公十三年》）。楚灵王即是在天人相分的意义上，认为即使天不护佑自己，自己可以也必定要实现征服天下的意愿。这是一种主体意识过度膨胀的精神，这种精神在春秋后期越来越普遍。也有人以“天”为某种自然意义的天，拥有与人事不同的规则。《国语·楚语》记载，范无宇对楚灵王说：

> 地有高下，天有晦明，民有君臣，国有都鄙，古之制也。

根据这种观点，天、地、人拥有不同的规则，天地的规则分别是晦明与高下，人的规则是君臣上下，三者似乎属于不同的领域。相对而言，天地似乎属于与人不同的自然的领域。不过，范无宇认为这种区分是“古之制”，那么，在以天地为主宰与神灵的时代，它们自然的意义也得到了承认，或者其自然的规则被古人视为神灵的规则。这些意义可能冲突，也可能并不矛盾。楚灵王对此回答说，“是知天尺，安知民则？”

他否认这种意义的“天”对人有可加注意的影响。由于楚灵王同样忽视神灵意义的“天”，不能说他此处所谓“天尺”是纯粹自然的“天”。但是，其中复杂的意味及其与人的关系明显呈现出无序的多元。

就天人合一来说，春秋时人也延续了西周天民合一的思路，并且做出了各种延伸与转化。《左传·襄公二十八年》记载，

> 子大叔曰：“宋之盟，君命将利小国，而亦使安定其社稷，镇抚其民人，以礼承天之休，此君之宪令，而小国之望也。”

子太叔为郑国大臣，郑国夹挟在晋、楚两个大国之间，亲近此国则得罪彼国，处境艰难。面对大国的压迫，子太叔引周礼承“天”保民的思想，期望大国能够安定小国，抚恤其民众。这一理解将“天”与小国及其民众同一，希望大国能够尊重小国，否则将是违逆与民同一的“天”。这种同一是天与民的同一。

也有人将天人同一理解为天与他人的同一。晋文公重耳上位之前流亡各国，引起了诸国是否应当礼敬他的讨论。许多国家的君臣即是在此种天人同一的意义上主张应当理解重耳。郑国的叔詹劝其国君礼敬重耳，他说，“臣闻之：亲有天，用前训，礼兄弟，资穷困，天所福也”（《国语·晋语》），“天其或者将建诸，君其礼焉”（《左传·僖公二十三年》）；楚王也说，“天将兴之，谁能废之？违天必有大咎”（《左传·僖公二十三年》）。重耳君臣也是以这种方式理解他人和自己。重耳一行途中缺粮，向“野人”求乞食物，“野人”却给他土块；重耳大怒，执鞭相向，子犯劝阻说，这是天之所赐，重耳便降心诚敬地接受了。

重耳君臣也以这种精神理解自己与天的合一。重耳流亡到楚国，楚王以大礼对待，重耳试图婉拒，子犯也以天命为名劝他接受。无论对待

弱小的“野人”还是对待强大的楚王，对待他人还是对待自己，重耳都在子犯的劝谏下以礼敬的精神对待。

春秋时人不仅以这种天人合一的精神理解生者，也以这种精神理解死者。楚国的芋尹盖说，“使人逢天之戚，大命陨绝”，“臣闻之，事生如事死，礼也”（《左传 · 哀公十五年》）。生命结束也是天所悲戚的事情，生与死者的同一也意味着天与死者的同一，礼敬死者，同样意味着礼敬上天。

不过，春秋时人理解的这种天人合一并不总是导向礼敬。同样出于对重耳得天的考虑，叔詹的建议没有得到采纳之后，他反而劝郑国杀掉重耳以除后患（《国语 · 晋语》）。晋国原轸劝晋国国君趁秦军劳师远征的时候突袭秦军，他说，“天奉我也，奉不可失，敌不可纵，纵敌患生，违天不祥，必伐秦师”（《左传 · 僖公三十三年》）。栾枝认为这是恩将仇报的无礼行为，但原轸却以秦国无礼在先为由坚持讨伐秦军。

勾践君臣更在功利与权谋的意义上理解这种天人合一的意义。吴国大夫文种劝勾践屈身事吴以图胜吴时说，“夫吴之与越，唯天所授，王其无庸战”（《国语 · 越语》）。在勾践君臣看来，吴或者越国得势，都是天的力量在它们身上的体现，天有时在吴，有时在越，越国只需等待天命移到越国便可胜吴。而当情势真的如此变化时，勾践君臣则以灭吴国来解决他们对吴国可能再得天的忧虑。这种对天人合一的理解导致的结果不但不是礼敬，反而是礼的极端反面。

春秋时也有将天人同一理解为天人规则的同一，并以此作为礼的根基。前面提到的刘康公已经有了这种思想，他说，“民受天地之中以生，所谓命也，是以有动作礼义威仪之则，以定命也”，即是将“礼”归本于天人同一的规则。《左传 · 昭公二十五年》记载，子太叔叙述子产的观点说：

> 夫礼，天之经也，地之义也，民之行也。天地之经，而民实则之。

子太叔进而说：

> 礼上下之纪，天地之经纬也，民之所以生也，是以先王尚之。故人之能自曲直以赴礼者，谓之成人，大不亦宜乎？

这种观点直以“礼”本身为天地人三而一的规则，人以按照礼的规则行事，即是遵循了天地人共有的规则。这种与人合一的“天”同样可以是人所不能违背的“天”。

春秋时也有人在肆行私欲的意义上理解这种天人合一。范蠡回答越王勾践如何扭转逆势而取得对吴国的胜利时说，“持盈者与天，定倾者与人，节事者与地”（《国语·越语》）。虽然这一理解也区分了天、地、人，但其所谓“持盈者与天”同样是天人合一的意义。问题是，这种理解将“天”理解为盈虚之道，理解为人利用盈虚之道取得自己的利益。

可见，春秋时人天人相分与天人合一的思想，正面与反面皆有，以之作为礼与无礼依据的观点也都存在。现代学者往往肯定天人相分的一面或者天人合一的一面，殊不知天人的分合并不简单地导致某种结果，重要的是如何理解这种分合的意义。

礼仪与礼政之辨是祭祀、朝会之礼衰落，“民神杂糅”深化的又一重要表征。春秋文化与西周文化相比，最典型的是周室主导的祭祀体系的衰变。诸侯主导的朝聘、会盟一度左右了当时的政治秩序，但是随着诸侯纷争的深化，不仅祭祀丧失了其作用，朝聘、会盟之类的仪式也逐渐受到轻视。正是在此情境之中，仪式中“礼仪”的意义与作用受到了诸多挑战，力量的蓄积与战争的发生在乱世开始被视为唯一发生作用的政治事务。一些保有“礼”的精神的人开始从这种意义上理解政治，在政治的意义上理解“礼”的意义。那些仍然坚守传统的人则继续认定，“礼”首先是在祭祀、朝会等“仪式”中体现出来的形态与意义。

“礼仪”或仪式、仪节意义的“礼”，如前所述，是西周以来“礼”的重要意义，春秋时代，这依然是时人对“礼”的基本了解之一，这一传统一直延续到孔门。春秋末期，孔门之外，许多人仍然这么认为。《春秋·昭公元年》记载，医和说，“君子之近琴瑟，以仪节也，非以慆心也”。医和是从医术的角度说明君子行事当重礼之仪节，而不能纵欲任性的道理。春秋晚期的重要思想家叔向非常注重“礼”之为礼仪的意义。《左传·昭公二年》记载，叔向说：

> 子叔子知礼哉！吾闻之曰：“忠信，礼之器也。卑让，礼之宗也。”辞不忘国，忠信也。先国后己，卑让也。诗曰：“敬慎威仪，以近有德。”夫子近德矣。

《左传·昭公五年》记载，叔向说：

> 若奉吾币帛，慎吾威仪，守之以信，行之以礼，敬始而思终，终无不复。从而不失仪，敬而不失威，道之以训辞，奉之以旧法，考之以先王，度之以二国，虽汰侈，若我何？

叔向以威仪为德行的表征，以“礼仪”为立身的根本，并以之为对待自己的国家及与其他国家交往的基本方式。无论是理解和评价他人的有德与无德，还是应对和回应他人的有礼与无礼，敬守自己的威仪、规正自己的德行是根本的事情。

在此之前，北宫文子对“礼仪”的意义有过丰富而详备的表述。《左传·襄公三十一年》记载：

> 北宫文子见令尹围之威仪，言于卫侯曰：“令尹似君矣，将有他志。虽获其志，不能终也。《诗》云：‘靡不有初，鲜克有终。’终之实难，令尹其将不免。”公曰：“子何以知之？”对曰：“《诗》云：‘敬慎威仪，惟民之则。’令尹无威仪，民无则焉。民所不则，以在民上，不可以终。”公曰：“善哉！何谓威仪？”对曰：“有威而可畏，谓之威；有仪而可象，谓之仪。君有君之威仪，其臣畏而爱之，则而象之，故能有其国家，令闻长世。臣有臣之威仪，其下畏而爱之，故能守其官职，保族宜家。顺是以下，皆如是，是以上下能相固也。卫诗曰：‘威仪棣棣，不可选也。’言君臣、上下、父子、兄弟、内外、大小，皆有威仪也。《周诗》曰：‘朋友攸摄，摄以威仪。’言朋友之道，必相教训以威仪也。《周书》数文王之德曰：‘大国畏其力，小国怀其德。’言畏而爱之也。《诗》云：‘不识不知，顺帝之则。’言则而象之也。纣囚文王七年，诸侯皆从之囚，纣于是乎惧而归之，可谓爱之。文王伐崇，再驾而降为臣，蛮夷帅服，可谓畏之。文王之功，天下诵而歌舞之，可谓则之，文王之行，至今为法，可谓象之，有威仪也。故君子在位可畏，施舍可爱，进退可度，周旋可则，容止可观，作事可法，德行可象，声气可乐，动作有文，言语有章，以临其下，谓之有威仪也。”

根据北宫文子的理解，“礼仪”有两个方面——“威”与“仪”，“威”

以昭示凌然不可犯的差别，“仪”则昭示人们共同遵循的形式。“仪”增强人们之间的亲和与凝聚，“威”则维持一种差别和次序。“威仪”的范围极其广泛：国需要威仪，家需要威仪，个人需要威仪。君臣上下，父子兄弟，内外大小，他们之间的相处都需要有“威”以维持各自的独立与相互的差别，以实现相互不同的敬畏，都需要有“仪”以增强他们之间的联系与和同的基础，以实现他们之间的亲爱。北宫文子将这种“威仪”的精神追溯到西周。西周礼乐文化即是希望通过祭祀等仪式，在天人上下之间通过礼仪形成这种相别而敬、相和而爱的精神。春秋时人仍然希望延续西周的做法，通过在仪式中培育这种精神，以便在政事中构建爱敬而和同的秩序。

然而，春秋中后期，随着祭祀、朝会等仪式性活动的衰落，仪节本身的意义开始受到限定。当然，这在原则上并不一定与上述试图通过仪式培育有序而文明的道德精神的传统相冲突。《左传·昭公五年》记载，

> 公如晋，自郊劳至于赠贿，无失礼。晋侯谓女叔齐曰：“鲁侯不亦善于礼乎？”对曰：“鲁侯焉知礼？”公曰：“何为？自郊劳至于赠贿，礼无违者，何故不知？”对曰：“是仪也，不可谓礼。礼，所以守其国，行其政令，无失其民者也。今政令在家，不能取也。有子家羁，弗能用也。奸大国之盟，陵虐小国。利人之难，不知其私。公室四分，民食于他。思莫在公，不图其终。为国君，难将及身，不恤其所。礼之本末，将于此乎在？而屑屑焉习仪以亟。言善于礼，不亦远乎？”君子谓叔侯于是乎知礼。

女叔齐在“礼”与“仪”之间做了区分。他认为，鲁昭公所行的种种

仪节只是“仪”，“礼”是守国、行政而保民的依据。其实前人将“仪”包括在“礼”的意义之中，也是强调“仪”对正国家、行政事从而保民的意义。女叔齐不是完全将“仪”的作用排除在“礼”的意义之外，在他看来，“仪”只是“礼”之末，其本在于“政”。

陈来认为，春秋时期，“礼”的观念已经出现了突破性的变化，这种突破性在于注重“礼”与“仪”的区分。他认为，“‘礼’不再被作为制度、仪式、文化的总体，被突出出来的是‘礼’作为政治秩序的核心原则的意义。”① 但是，陈来将这种突破定性为春秋思想的基本特点便很有以偏概全的意味。首先，陈来所谓的以“礼”为政，只能对执政者有效，只是在上下的意义上理解。其他诸如父子、男女、朋友、内外等各种关系，并不能直接纳入这种意义的“政”的范围之内，即便在女叔齐的论述之中也是如此。女叔齐之所以强调“礼”之本是政，针对的是鲁昭公，因为鲁昭公身为一国国君，也是以一国国君的身份与他国行礼，但却流亡在外，没能守国行政。其次，前述北宫文子理解“礼仪”有“威”与“仪”两种意义，他在解释“威”的意义上引用了文王征伐、天下畏其威的例证，其所谓“威”便有浓厚的政治意味。再者，西周礼乐文化是以祭祀仪式为本，培育上下敬德保民的精神，确立有序的政治环境，女叔齐的观点并不一定与此对立，西周对礼仪的理解即是着眼于其政治精神与效用。如果祭祀等仪式不能够发挥其对政治本有的作用，仪式及其中的仪节当然失去了其为“礼”的意义，这也是“仪式”之为“礼”最初的意义之所在。另外，春秋时期思想家在“仪”和“礼”之间做出区分，并不都是将“礼”作为“礼政”。前面已经引到，《左传·昭公二十五年》，子太叔转述子产的观点，与“礼”

---

① 陈来：《古代思想与文化的世界——春秋时代的宗教、伦理与社会思想》，生活·读书·新知三联书店 2002 年版，第 188 页。

为天地人统一的法则，其中包括了各种礼仪，“为六畜，五牲，三牺，以奉五味；为九文，六采，五章，以奉五色；为九歌，八风，七音，六律，以奉五声”，凡此种种，都是仪节度数。陈来说，“一言以蔽之，礼是法天则地的产物，礼是天经地义的体现，礼是伦理关系的法则”[①]。确实如此，但是他说，“礼的要义是上下之纪、人伦之则，而不是仪节度数”[②]，却又过度强调二者的区别。陈来认为，礼仪是礼制的章节度数车旗仪典，“礼政”是礼制系统中包括政治、行政、刑罚等统治手段的政治原则。[③] 虽然子太叔的确表述了有必要区分二者的观点，但他是以“礼”为天地人共通的法则，而不是所谓“礼政”。

春秋时期，祭祀与朝会的意义确实逐渐衰退，生死存亡和形势的恶化使得竞争和战争成为主要的政事。无论是叔向那样保守的思想家，还是子产之类的改革思想家，都将当时的政治与文明状况视为危机，而不是简单地证明新的思想符合实际，更不是证明符合这种极端状况的思想的正确乃是优越。《左传·昭公六年》记载了叔向与子产相关的观点：

> 三月，郑人铸刑书。叔向使诒子产书，曰：“始吾有虞于子，今则已矣。昔先王议事以制，不为刑辟，惧民之有争心也。犹不可禁御，是故闲之以义，纠之以政，行之以礼，守之以信，奉之以仁，制为禄位以劝其从，严断刑罚以威其淫。惧其未也，故诲之以忠，耸之以行，教之以务，使之以和，临之以敬，莅之以强，断之

---

① 陈来：《古代思想与文化的世界——春秋时代的宗教、伦理与社会思想》，生活·读书·新知三联书店 2002 年版，第 189 页。

② 陈来：《古代思想与文化的世界——春秋时代的宗教、伦理与社会思想》，生活·读书·新知三联书店 2002 年版，第 189 页。

③ 陈来：《古代思想与文化的世界——春秋时代的宗教、伦理与社会思想》，生活·读书·新知三联书店 2002 年版，第 189 页。

以刚。犹求圣哲之上，明察之官，忠信之长，慈惠之师。民于是乎可任使也，而不生祸乱。民知有辟，则不忌于上，并有争心，以征于书，而徼幸以成之，弗可为矣。夏有乱政而作《禹刑》，商有乱政而作《汤刑》，周有乱政而作《九刑》。三辟之兴，皆叔世也。今吾子相郑国，作封洫，立谤政，制参辟，铸刑书，将以靖民，不亦难乎？《诗》曰：‘仪式刑文王之德，日靖四方。’又曰：‘仪刑文王，万邦作孚。’如是何辟之有？民知争端矣，将弃礼而征于书。锥刀之末，将尽争之。乱狱滋丰，贿赂并行，终子之世，郑其败乎？肸闻之，国将亡，必多制，其此之谓乎？”复书曰：“若吾子之言，侨不才，不能及子孙，吾以救世也。既不承命，敢忘大惠？”

叔向认为，根据先王的传统，在上者按照确定的制度决议政事，而不是以刑罚管理国家为先。按照叔向的观点，德行乃是政事的先导，教化是政事的根本，刑罚只是政治等而次之的形式。他反对子产自立新政，颁布刑书，认为这会导致民众以文字投机取巧，违背惯例之礼，不敬长上，相互争斗，不守德义。

子产与叔向的立场并不相左。《左传·昭公十三年》，子产在朝会上争论班爵制度，孔子评价说，“合诸侯，艺贡事，礼也”，称赞他是“邦家之基”，即是肯定他在朝会上能够如叔向所说“议事以制”。子产认为自己的新政只是拯救当时的危机，他并未将自己在极端状况下的政策理解为不可替代的思想。陈来说，子产不相信纯粹的礼治能够应付当时剧烈的社会变化。[①] 问题是，子产并不因此否定礼治，他否定的是当

① 陈来：《古代思想与文化的世界——春秋时代的宗教、伦理与社会思想》，生活·读书·新知三联书店2002年版，第206页。

时的时局。对变化了的政治意义上的“礼政”的强调确实是一种新颖并且逐渐通行的思想，但原则上，这种思想并不与“礼”的传统意义相冲突。这种强调与其他理解的分裂可以理解为当时政治与精神的分裂与无序进一步深化的重要表征之一，可以理解为天人上下关系失序意义上“民神杂糅”危机的深化。

总而言之，春秋时期，礼乐文化不再是统一的精神形态，“礼”的意义有了极大的分散和扩展。祭祀之礼虽然衰落，但其意义与精神得到了很大程度的继承，虽然也有极为复杂的分化。“礼”在名物、制度、仪式、政事等各种形态中的体现，在非常多元的意义上被肯定或者被限定。春秋时人将自己时代的精神状况在民神杂糅的意义上加以理解，以“礼”的意义与精神为中心，在天人关系、礼仪与礼政方面的分歧和纷争确实体现了当时思想与现实状况在天人上下无序意义上的“民神杂糅”，虽然其中也有对“礼”的诸多精妙的阐发与反思。因此，在整体上将春秋时代“礼”的意义与精神定性为人文精神，如徐复观所认为的那样，或者将春秋时期的“礼”归纳为一种“生活方式”或“制度”形态，如钱穆所做的那样，都是忽视了春秋时期“礼”的意义与精神的复杂与多样，不足以揭示这种复杂与多样体现的历史断裂与文明失序等重要问题。陈来将礼仪与礼政之争视为春秋“礼”的意义的变迁的重要现象，也不能不说是对春秋“礼”的意义的复杂情况的简化。就“礼”的形态、意义与精神而言，可以说，春秋时期的基本精神状况是，礼乐文化倾覆，天人上下失序。

# 第二章

# 孔子对礼乐文化传统的传承与定正

西周初期，由于周公、成王等确立的礼仪典范以及由此确立的西周礼制，“礼”拥有了广泛的范围与深厚的内涵。春秋以来，“礼”的形态与意义虽然得到了更大的扩展，但由于礼乐传统的崩溃，其意义也变得极为多样而混乱。孔子慨叹周礼“郁郁乎文哉”，有“吾从周”之意，但他传述唐虞三代，深思古今百世，对礼乐文化传统的深层危机不能不洞若观火。孔子以传道斯文为己任，“述而不作”“学无常师”，以其包容思想的通达，观念的丰富，“好学不厌”“学无常师”，礼乐文化的问题与危机，有关“礼”的争议与纷争，多不出其思想与言行的关涉。孔子固然有对礼乐文化传统独特的阐发，但他理解礼乐文化的视野并不限于简单的独特性，而是系统地容纳了礼乐文化的丰富传统与前贤对“礼”的各种界定，关注其中的问题，在其对礼乐文化传统及其精神的贯通中，直面“礼崩乐坏”的危机。

## 第一节 “名物制度”与“正名”

### 一、“名物制度”

“名物制度”对“礼”的意义是后世分歧较大的问题。由于汉学与宋学的分疏，传统儒学对孔子弘扬的“礼”与礼制传统的理解有较大的疏异。汉学之中，无论今文经学还是古文经学，都非常重视“礼”体现的宗法等级等“制度”。古文经学尤其注重“礼”“名物制度”的训释，今文经学更为强调“礼”对现实政治的建制意义。宋学在政治思想上没有超出这一制度形态，却着力于为其提供形上与心性的根基。宋学更加偏重“礼”的内在意义，在心性之学的范围内以“理”解释“礼”，名物、节文、制度之类常常被视为“心性”与“理”之外的末节。不过，朱子等较为肯定“礼”在“名物”“制度”“礼仪”“政事”等方面的意义，虽然以“理”为“礼”奠基也是他的基本立场。[①] 与此针锋相对的是，清代许多学者复兴汉学，极力批判宋学“空谈心性”、以“理”解“礼”的倾向，试图恢复“名物制度”与人际层面“礼”的意义。[②]

由于新文化运动的影响，现代研究孔子思想的学者对名物制度的态度与传统截然不同，因此出现了另外一种分化：一种倾向认为，孔子的思想核心即是维护周礼、维护宗法等级之类的“制度”，如陈独秀、蔡尚思等[③]；另一种认为，孔子思想的内涵不是“礼”以宗法等级为基本制度的周礼，只是孔子面对的现实历史的遗迹[④]，儒家的内核可以通过剔除传统的等级制度而得到更好的表达[⑤]，如贺麟、牟宗三等。传统的“名物制度”与“礼仪”、“政事”对“礼”的意义，由于现代思潮的冲击，很大程度上失去了其合理性，“礼”的内在精神与外在形态脱节现象更加明显。一些现代研究者也尝试采取相对折中的理解，认为孔子

① 牟坚：《朱子对“克己复礼”的诠释与辨析——论朱子对“以理易礼”说的批评》，《中国哲学史》，2009 年第 1 期，第 20~33 页。

② 张寿安：《以礼代理——凌廷堪与清中叶儒学思想之转变》，河北教育出版社 2001 年版。

③ 蔡尚思：《孔子思想体系》，上海人民出版社 1982 年版。

④ 贺麟：《文化与人生》，商务印书馆 1988 年版，第 5 页。

⑤ 牟宗三：《政道与治道》，（台北）学生书局 1987 年版。

既肯定作为外在形态的“礼”，也注重“仁”等精神内涵。他们尤为强调在“礼之文”与“礼之本”之间做出区分的必要①，着意突出或者边缘化等级制度问题的倾向仍然明显。这些争议源自孔子思想的丰富，也是因为后世的解释预设了太多各自认为正当的前提。

“名”“物”“制度”被视为“礼”的载体，春秋时人多以之为一定意义的“礼”。《礼记·郊特牲》曰，“礼之所尊，尊其义也。失其义，陈其数，祝史之事也”，主张在“礼之数”与“礼之义”之间做出区分，并以“礼之义”为“礼”的根本。朱彝尊《经义考》则引朱升语曰，“礼有数有义”，“名物制度者，数也”，《仪礼》是礼经，所记为“名物制度”，《礼记》为传记，是对其“义”的解释②，以记述“名物制度”者为“经”，而以解“名物制度”之“义”者为“传”，足见“名物制度”的重要性。后世甚至以“名物制度”为“礼”的代名词。《礼记·礼器》曰，“经礼三百，曲礼三千”③，礼制浩繁，钱玄据此认为，学“礼”当以“名”“物”为先④。这体现了“名”“物”对“礼”的其他形态来说具有某种先导性意义，这种理解与《论语》所记孔子对“礼”的看法一致。孔子对“礼”的这两个层次都很强调，虽然二者相比，“礼之义”可能更为重要，但对“礼”来说，“名物制度”等“礼之数”是“礼义”得以体现的基本形态。

“名”“物”“制度”在“礼”的内涵中的位置，按照孔子及其时代的理解，有一定的秩序。“名”与“物”作为“礼之数”，与“礼之义”相对，是“礼”的基本载体。

---

① 陈来：《儒家“礼”的观念与现代世界》，《孔子研究》，2001年第1期，第4~12页。

② 参见朱彝尊：《经义考·卷一百三十九·礼记》，清文渊阁四库全书本。

③ 《大戴礼记·卫将军文子》《孔子家语·弟子行》皆以之为孔子之言，前者作“礼仪三百”，“威仪三千”，后者作“礼经三百”、“威仪三千”。

④ 钱玄：《三礼名物通释·自序》，江苏古籍出版社1987年版，第1页。

“名”是“礼”最为根本的要素。《说文》曰：“名，自命也。从口从夕。夕者，冥也。冥不相见，故以口自名。”黑暗、幽冥之中不得相见，所以以口发声，以声为自己命名，确认自己的身份。这一理解是以包括命名在内的各种名义的申明为“名”的本义。春秋时人论“名”“礼”关系时有的也以人的命名为核心。《左传·桓公二年》记载：

> 师服曰：“夫名以制义，义以出礼，礼以体政，政以正民，是以政成而民听，易则生乱。”

师服认为，“礼”之“义”即是由“名”确定，体政、正民需要以“礼”为依据。但“礼”又需由“义”确定，而“名”是据以确定“义”的基本形式。他当然不是说“义”是由“名”决定的，而是说“义”的确定需要以“名”为首要的形式。他反对国君以不当的“名”为其子命名，即是以“义”的当否为取“名”的准则。这同一种“义”又是“礼”的准则。虽然师服此语以“名”为“义”“礼”“政”的出发点，归结在“正民”，却是以“义”为根本，强调了“名”作为“义”的基本载体对“礼”的首要意义。

《左传·庄公二十一年》记载，宋国公子在国难时称“孤”，臧文仲称赞宋国公子“言惧而名礼”。其所谓“名”虽非通常所谓人名，却有自命之义，并以“名”为“礼”的体现。臧文仲的理解体现了当时的正统理解。按照周代的礼制，为自己和他人命名，称呼自己和他人，是有严肃礼义和规矩的事情。《论语·八佾》曰：

> 邦君之妻，君称之曰夫人，夫人自称曰小童；邦人称之曰君夫人，称诸异邦曰寡小君；异邦人称之亦曰君夫人。

夫、妻、上、下、内、外，自称还是称人，都有确定的“名”。“名”是他们的身份与相互关系的体现。春秋时代，“名”的“礼义”及其范围可以并且事实上极为广泛。

“物”也是“礼”的基本载体。“礼”字的起源即是以玉等器物的外形与用途为依据。“物”字的起源也有其代表性。《说文》曰：“物，万物也。牛为大物；天地之数，起于牵牛，故从牛。”段玉裁《说文解字注》引戴震之说曰：“周人以斗牵牛为纪首，命曰星纪。”这一理解以“物”字出自天象之首，是以天象之首作为万物时序的起点，因而成为万物的代表。《玉篇》曰：“凡生天地之间，皆谓物也。”“物”也有“事”的意思。《礼记·哀公问》：“‘敢问何谓成身？’孔子对曰：‘不过乎物。’”郑玄《注》曰：“物，犹事也。”两种意义的“物”相互关联。正如“言”由“名”构成，“事”也是通过“物”完成。以“物”为“礼”的基本载体的传统曾经被追溯得非常久远。《礼记·礼运》曰：

> 夫礼之初，始诸饮食，其燔黍捭豚，污尊而抔饮，蒉桴而土鼓，犹若可以致其敬于鬼神。

饮食、食器、乐器等“物”及其被进献给鬼神这一事情，被视为“礼”的最初形态。“物”作为“礼”的载体的意义也是春秋时人的基本理解。《左传·桓公六年》记载，申繻说，“以器币则废礼”，是要在“器币”等“物”之间选择“礼”的载体。《国语·周语上》记载，内史过说，“昭明物则，礼也”，是以“物”与“事”为“礼”之义的体现。“物”与“事”之为“礼”，是以“名”为“礼”之外，西周以来又一种对“礼”的基本理解。

孔子继承了前人对“名”与“物”之为“礼”的理解。《左传·成公二年》记载：

> 仲尼闻之曰：“惜也！不如多与之邑。唯器与名，不可以假人，君之所司也。名以出信，信以守器，器以藏礼，礼以行义，义以生利，利以平民，政之大节也。若以假人，与人政也。政亡，则国家从之，弗可止也已。”

相对土地，孔子更重视“名”与“器”及其体现的“礼”之义。许多人会以利害为标准，认为前者远比后者更为重要。但对孔子来说，“名”不是名誉，“器”不是财物，而是“礼”的基本载体，以“名”与“器”体现“礼”，以行其“义”，是国家立政而平民的“大节”，并非可有可无，并非可以以功利衡量。孔子强调的核心是“义”。“名”与“器”之所以能够“藏礼”，因为它们是国君身份与职责的体现。君之为君，在“义”不在“利”，不可以国家权责的象征与载体作为财物或者无意义的物品赋予他人。因此，孔子以“名”与“物”体现“义”，继承了前人理解“礼”的传统。

“制度”作为“礼”的基本形态，也是一种传统的观念。《礼记·乐记》曰：“簠簋俎豆，制度文章，礼之器也。”文章之类，由“名”“言”构成，俎豆之类，则是器物，“制度”与它们一样，也是“礼”的载体或形态，必须有其“义”的依据，作为“义”的体现。所谓“制”，《说文》曰，“裁也”，本为动词；所谓“度”，《说文》曰：“法制也。”所谓“制度”，当有裁成法度的意义，具体地说，是裁成“名”与“物”，以为行动的标准、参照的意思。《左传·襄公二十八年》记载，晏子说：

> 且夫富如布帛之有幅焉，为之制度，使无迁也。夫民生厚而用利，于是乎正德以幅之，使无黜嫚，谓之幅利。利过则为败。吾不敢贪多，所谓幅也。

使得布帛有固定的宽长，这被称为“制度”。这应当是《说文》理解的“制度”的本义。晏子将其引申到对财富的节制上，认为当规范行为与政事，以作为民生与财富的定制，避免贪婪越轨而求利。

“制度”被应用到君臣上下权责的分配与节制之上。《礼记·礼运》曰：

> 天子有田以处其子孙，诸侯有国以处其子孙，大夫有采以处其子孙，是谓制度。

天下秩序被裁成天子、诸侯、大夫不同的差等，他们各依相应的法度安置子孙，是为“制度”。君臣上下之间的班爵秩序被视为“周礼”最为重要的“制度”。在此意义上，春秋时人多以“周礼”为“制”与“度”，盛称“古之制”。《左传·隐公五年》，臧僖伯说：

> 君将纳民于轨物者也。故讲事以度轨量谓之轨，取材以章物采谓之物。不轨不物谓之乱政。乱政亟行，所以败也。故春搜夏苗、秋狝冬狩，皆于农隙以讲事也；三年而治兵，入而振旅，归而饮至，以数军实。昭文章、明贵贱、辨等列、顺少长、习威仪也；鸟兽之肉，不登于俎，皮革齿牙、骨角毛羽不登于器，则公不射，古之制也。

按照臧哀伯的理解，国君的职责在于以身作则，引导民众，有所“制度”地行事。无论农事、时祭、兵旅、射猎，国君必须按照先王的制度，有节有制地实行，不能违背天时，不能不顾仪制，不能过度诉求。隐公没有听取臧僖伯的建议，《左传》以之为“非礼”，即是以臧僖伯所谓“制”为“礼”。“制度”作为“礼”的体现，同样是以“义”为依据。臧僖伯所谓“轨物”，“轨”为度量，“物”即事务，即是有节制的行事，或者有礼的行为。

依据春秋时人理解“名物”的思路，“制度”可以说是“行义”之事，属于广义的“物”的范围，是指合“义”的事或物。《礼记·礼运》曰，“礼义以为纪”，“以设制度”，意思是以“礼义”作为纲领，确立“制度”，上下都需要按照“制度”行事。“制度”的设立与施行都需要以“礼义”为依据。

孔子继承了这一传统。不过，对于“制度”，孔子不仅强调其“义”，也注重人的主导作用。《礼记·仲尼燕居》记载，孔子说：

> 制度在礼，文为在礼，行之，其在人乎？

根据这一传述，孔子总结了前人的观点，以“礼”统摄所有的“制度”。他更加强调“制度”之“礼”的践行，践行只能够由人完成。没有人的实行，即便“礼”有规范的形态，又有适当的意义，也无法得到体现和表达。《礼记·中庸》记载，孔子说：

> 文、武之政，布在方策，其人存，则其政举；其人亡，则其政息。

文王、武王的政治制度虽然有成文的书册记载，但是有人实行，这些制度才能够确立，没有人实行，这些制度便被废弃。孔子不仅强调“礼”的各种形态的“义”，也强调行礼者对“礼”的存废的根本作用。《论语・八佾》记载，孔子说：

人而不仁，如礼何？人而不仁，如乐何？

必须有人具备必要的德行，才能够保持“礼”的各种形态，诸如“名物制度”等，具有适当的“礼义”，才能按照应有的“礼义”，规范他们对“名物”的运用，规范他们对“制度”的实行。正是在此意义上，对“名物制度”之为“礼”，他一方面强调其“义”的重要性，另一方面，他也注重行礼者的“德”。对孔子来说，“名物”“制度”及其体现的“义”，与行礼者之“德”，都是“礼”的根本要素。

## 二、“正名”

孔子以“正名”的本末次序对“名物制度”的“礼义”做了明确而系统的表述。《论语・子路》记载：

子路曰：“卫君待子而为政，子将奚先？”子曰：“必也正名乎！”子路曰：“有是哉，子之迂也！奚其正？”子曰：“野哉！由也！君子于其所不知，盖阙如也。名不正，则言不顺；言不顺，则事不成；事不成，则礼乐不兴；礼乐不兴，则刑罚不中；刑罚不中，则民无所措手足。故君子名之必可言也，言之必可行也。君子于其言，无所苟而已矣。”

对孔子所谓“正名”，大体而言，历代注疏有两种解释。第一种理解以马融为代表。马融将其解释为“正百事之名”。[①]《礼记·祭法》曰，“黄帝正名百物以明民共财”，程树德引钱大昕《潜研堂答问》的解释说：“名即文也，物即事也，文不正则言不顺而事不成也。”[②] 郑玄明确地将“正名”简化为“正书字”，他认为，“古者曰名，今世曰字。《礼记》曰：‘百名已上，则书之于策’。孔子见时不行，故欲正其文字之误。”[③] 这种理解将“正名”解释为订正语言文字。第二种理解以朱子为代表。朱子以“正名”为正名分，他说，“是时出公不父其父而祢其祖，名实紊矣，故孔子以正名为先”[④]。在朱子看来，孔子此处所说“正名”，乃是规范卫国国君父子的名分。由于汉学与宋学的分疏，郑玄与朱子的理解曾经针锋相对，但在原则上，马融与朱子的观点并不绝对冲突。邢昺说，“云‘所名之事必可得而明言’者，若礼，人名不以国，以国则废名，是不可明言也。”[⑤] 邢昺的这一理解出自春秋时申繻所言“以名生为信，以德名为义”，“不以国”，“以国则废名”（《左传·桓公六年》）。《礼记》中《曲礼》《内则》两篇都将不能以国名命人名作为礼的规范。[⑥] 邢昺虽然不是明确地以“正名”为“正名分”，但他将马融的“正百事之名”解释成了万物之名的正当性问题，不仅仅是考据等层面的文字问题，而是已经对马融与朱子的那种理解有所综合。

---

① 程树德：《论语集释》，中华书局 1990 年版，第 890 页。

② 程树德：《论语集释》，中华书局 1990 年版，第 890 页。

③ 程树德：《论语集释》，中华书局 1990 年版，第 890 页。

④ 朱熹：《四书章句集注》，凤凰出版传媒集团 2008 年版，第 138 页。

⑤ 邢昺：《论语注疏》，北京大学出版社 2000 年版，第 194 页。

⑥《礼记·曲礼》：“名子者不以国，不以日月，不以隐疾，不以山川。”《礼记·内则》：“凡名子，不以日月，不以国，不以隐疾。”

就“正名”的范围来说，“正百事之名”包括了“正名分”，也包括了孔子所谓“多识于鸟兽草木之名”，二者一为“大节”，一为“小节”，并不矛盾。“正名分”是更为重要的正当性，而“鸟兽草木之名”的对错则是相对次要的正当性。《左传・成公二年》所记，“名以出信，信以守器，器以藏礼，礼以行义，义以生利，利以平民，政之大节也”，体现国君职责的“名”与“器”比土地更为重要，这是“大节”的问题，与此章“正名”思想若合符节。孔子的“正名”说与“名器说”强调的“大节”是父子、君臣的宗法等级制度。“正名”即是规范器物的根本，也是规范政事和制度的根本。要之，孔子的“正名”即是通过规范“名”表达的“义”，规范天下万事万物体现的“义”，特别是规范根本的“制度”体现的“义”。

现代学者对孔子“正名”思想的研究延续了郑玄与朱子的理解的分疏，他们运用了许多西方的理论，也因此纳入了西方本质主义与非本质主义的各种争论，带来了因果律、目的论等基本思维方式方面的歧异。胡适认为，“正名”是建立一种公认的是非真伪的标准[①]，“正名意味着使名的意义按照它们所体现的原有意向意指它们应当意指的东西”[②]。胡适按照逻辑主义的思路延续了郑玄的解释。相对而言，冯友兰的观点则更接近朱子的理解。冯友兰说：“盖一名必有一名之定义，此定义所指，即此名所指之物之所以为此物者，亦即此物之要素或概念也。如‘君’之名之定义之所指，即君之所以为君者。”[③] 但是，与胡适一样，冯友兰也借鉴了西方的定义理论，这种思路被视为本质主义或普遍主义，受到了张祥龙与陈汉生等学者的反对。张祥龙主张以一种非

① 胡适：《中国哲学史》，安徽教育出版社 2006 年版，第 86 页。

② 胡适：《先秦名学史》，安徽教育出版社 2006 年版，第 53 页。

③ 冯友兰：《中国哲学史》，华东师范大学出版社 2000 年版，第 53 页。

观念化的“诗言”方式理解孔子的“正名”，视之为语言自身说话的方式[①]，而陈汉生则依据西方语言哲学中的行为主义理论，认为孔子的“正名”是有关正确的观点与立场的道德说教，无关乎真理真知。[②] 除此之外，蔡尚思等人则是从一种手段与目的模式的简单目的论出发[③]，理解孔子的“正名”思想，将其视为对“礼”特别是周礼的宗法等级制度的维护，而梁漱溟、牟宗三等则试图将这种思想理解为一种以“天下为公”为目的的理想主义精神。[④]

就此章的情境而言，孔子所说的“正名”具体指的是规范卫国国君“君臣”“父子”之间的名义关系。从“正名”到上下的行为是多向度的，也就是说，君臣、父子在各自的位置上各应担当其本有的名分与合适的言行。《礼记·缁衣》记载：

> 子曰：“王言如丝，其出如纶；王言如纶，其出如綍。故大人不倡游言。可言也，不可行，君子弗言也；可行也，不可言，君子弗行也。”

言和行，都有其可与不可之分，而可言是可行的先导。结合《缁衣》的传述可以发现，“名”“言”是“行”“事”的先导，“名”“言”也是“行”“事”内在的部分。“名”“言”应正当地实行，行为应有正当的“名”与“言”与之对应。如果事情没有正当的“名”与“言”，

① 张祥龙：《孔子的现象学阐释九讲》，华东师范大学出版社 2009 年版，第 101 页。

② 陈汉生（Chad Hansen）著，周云之等译：《中国古代的语言和逻辑》，社会科学文献出版社 1998 年版，第 99~100 页。

③ 蔡尚思：《孔子思想体系》，上海人民出版社 1982 年版，第 243 页。

④ 梁漱溟：《人心与人生》，山东人民出版社 1990 年版，第 596 页。

这种事情便不可行。事情的成与不成并不是“正名”的标准，否则，能成的事情即便不正当，也能够有其正当的名分了，“正名”本身变得缺乏原则了。对孔子来说，“正名”是“礼乐”“刑罚”等事情的先导。是否有正当的“名”，是否可以正当地实行，是实践是否正当的两个基本面向。“名正”而“言顺”，“礼乐”与“刑罚”都是“礼”的内在而本然的基本要素。“礼”的首要部分乃是“名”，“礼”的首要事务乃是“正名”，“正名”是为了正行。

以“义”为依据，“名”有正当与不正当两种情况；如果“名”不正当，由“名”而定的“言”便有差错而无序，“名”正当，“言”才能顺而有序；如果“言”无序，按照“言”实行的“事”便不能完成，“言”有序，“事”才能按照“言”的意旨而完成；如果“名”不正，“言”无序，“事”不成，那么“礼乐”“刑罚”都不能得到正当地施行，民众便不知如何是好了。“名”正了，并不意味着“言”一定顺；“言”顺了，并不意味着“事”即可成；“事”成了，“礼乐”不一定兴；“礼乐”兴了，“刑罚”也可能不中；“刑罚”中了，民众仍然可能肆行无忌。无论民众的表现如何，“刑罚”是根本，无论“刑罚”的状况如何，“礼乐”是根本，无论“礼乐”的形态怎样，“言”与“事”是根本，无论“言”与“事”是否顺、成，“正名”是根本。

在此意义上，“正名”遵循了一种本末次序，并不符合因果必然性的定义。“正名”并不必然带来预期的结果，它既不是预期结果的充分条件，也不是其必要条件，它也不符合目的与手段的理解。“正名”不是实现后面的结果的手段。这种本末次序将“正名”这一根本视为不可改变的“义”的根本表达，而不是可以为了目的而替换的手段。也就是说，这一次序既不能理解为一种有待实证的归纳性规则①，也不能像蔡尚思②等学者那样，以目的与手段的方式理解。本末次序对“正名”的意义，与以因果律和目的论为依据的理解有着根本的不同。“正名”的本末次序不是以实践的目的有效性为目标，也不是设定了一种绝无例外的行为规则，这一本末次序只是实践的意义次序。

不过，孔子并未抽象地就“正名”的本末次序本身论“正名”。虽然他所论的事情首先关乎卫国国君君臣、父子的名分问题，但是孔子所说“正名”的主体却是“君子”，而非“君”“父”。因为，他回答子路如何为政，以“正名”为答，讲的是他自己为政的理念，不是说以君或父的身份行事。“君子”的意义超越而又体现于君臣、父子。“君子”不必有“君”“父”之位，但是必须能正君臣、父子之“名”与“行”，能够以“义”引导上下的德行。通观《论语》，所谓“君子”，可以在上，故有所谓“君子笃于亲，则民兴于仁”（《论语·泰伯》）；可以在下，故有所谓“君子固穷”（《论语·卫灵公》）；可以为父，故有所谓“君子之远其子”（《论语·季氏》）；可以为子，故有所谓“君子不施其亲”（《论语·微子》）。所以，“君子”不为时与位所拘限。当其为子，有其德行，虽未为父，不失为明父子之义的君子；当其为臣，有其德行，虽未为君，不失为明君臣之礼的君子。孔子说，“君子去仁，恶乎成名？”（《论语·里仁》）“正名”更为深层的关注是“君子”成仁的诉求。因此，“正名”的意义在于“君子”通过“正名”的本末实践，正己而正人。

当然，在上者确实拥有“名”“言”“行”“礼乐”“刑罚”的主导地位。“正名”对在上者，首先便意味着正己；也意味着，纵然在下者不是“君子”，在上者也必须是“君子”。孔子对季康子说，“政者，正

① 转引自徐复观：《中国思想史论集》，上海书店2004年版，第181~182页。

② 蔡尚思：《孔子思想体系》，上海人民出版社1982年版，第107、240页。

也。子帅以正，孰敢不正？”（《论语·颜渊》）由于在上者拥有主导地位，在下者的问题就客观方面来说首先来自在上者，在上者不能将二者关系的问题归于在下者，应该首先正己。《论语·颜渊》云：

> 季康子问政于孔子曰：“如杀无道以就有道，何如？”孔子对曰：“子为政，焉用杀？子欲善而民善矣。君子之德风，小人之德草。草上之风，必偃。”

季康子将无道、有道的责任施加给民众，并且以“道”作为对民众施加刑罚的理由。孔子则强调，在上者作为在上者，首要的名分在于修正自己的德行，规范在上者的责任。季康子以杀伐提问，孔子以“焉用杀”加以驳正。但孔子本不反对刑罚，刑罚也是在上者的责任，是“正名”的本末次序中重要的环节，关键在于，能够正当地施行刑罚的人必须是有德的人。

由于在上者的主导地位，“正名”首先必须是对在上者的要求；由于“正名”首先是对在上者的要求，在下者也拥有更多的自由。孔子说，“其身正，不令而行；其身不正，虽令不从”（《论语·子路》）。在下者面对在上者良善或者暴虐的可能，有其服从或者不从的自主，他们没有责任对在上者的所有行为都绝对服从，也没有义务去承担许多在上者必须首先承担的公共职责。《论语·颜渊》曰：

> 齐景公问政于孔子，孔子对曰：“君君，臣臣，父父，子子。”

朱子评价孔子的话说，“此人道之大经，政事之根本也”①；可以说，这

① 朱熹：《四书章句集注》，凤凰出版传媒集团 2008 年版，第 132 页。

是人道与政事的根本制度，上下父子皆当受其节制。君君、臣臣、父父、子子，是对君臣父子双方的共同要求，并非单向的关系。“君子”是对君与臣、父与子共同的规定。“正名”的正当性高于君、臣、父、子的时与位，高于其所谓的权利与利益。对君父、对臣子，“正名”是自我修养的要求。对“君子”来说，这是一种自我修养；对“小人”来说，这是一种外在要求。“名”的正当性或者其“礼义”来自“君子”德行的要求，这种要求超越而又体现于君臣、父子。“正名”的根本不仅是君正己之为君，不仅是父正己之为父，而是君、臣、父、子如何在各自的时位上正己之为“君子”。

孔子与子路的分歧，核心即关涉“正名”的这种次序。孔子与子路的这段对话不仅体现了他们各自的政治见解，因为他们都身处这一事件之中，这段对话也关乎他们的政治抉择。《史记·卫康叔世家》记载，灵公宠幸南子，太子蒯聩与南子交恶。太子派人行刺南子，行刺者没有动手，为南子发觉。南子告知灵公，灵公大怒，太子蒯聩于是出奔。灵公准备立少子子郢为太子，子郢谦卑地拒绝。灵公去世后，南子命子郢为太子，子郢以太子未改，再度拒绝。卫国于是将蒯聩的儿子辄立为卫国国君，是为出公辄。晋国执政者赵简子则试图立蒯聩为卫君，派阳虎等率众混入卫国奔丧的队伍，偷袭卫国。卫国发觉后，派兵打败了阳虎、蒯聩等。孔子当时正在卫国等地周游，有为卫国辅政的机会，但最终未实现。后来，蒯聩联合他的姐姐，即孔文子的夫人，以及相关人众，偷袭卫国君臣。出公辄出奔鲁国。当时，孔子弟子子羔与子路都在卫国出仕，子羔逃出卫国，子路则拒绝离开，为太子蒯聩所杀。蒯聩即位，是为庄公。庄公得位后，责怪卫国大臣不帮助自己，想将大臣全部处死，因为群臣准备反击，才不得不停止。

《春秋·哀公二年》：“夏，晋赵鞅帅师纳卫世子蒯聩于戚。”孔疏曰："世子者，父在之名，是正世子以示宜为君也。《春秋》以其本是世子，未得卫国，无可褒贬，故固而书世子耳。"根据孔颖达的理解，蒯聩本为世子，未曾得国，称世子是正其名。但是，既然称其为世子，则孔子是认为蒯聩当继承君位。刘宝楠据此说，"正名者何？正世子之名也"，"是世子之称，《春秋》不以为非而存之"，"《太史公自序》云：'南子恶蒯聩，子父易名'谓不以蒯聩为世子，而辄继立也，名之颠倒，未有甚于此者"[①]。但是，卫国的争斗引起过数次冲突与战争，父子君臣相争，名实是非淆乱。子路大概正是在此意义上认为，孔子以"正名"为先，失之迂腐。孔子的回答强调的不是君臣、父子等级制度的重要与否，不是蒯聩是否为世子的问题。他的回答表达的是，"德义"与"礼乐"是"刑罚"的根本。他如果仅仅是以"正名"确立统一的规矩，至于手段可以不加拣择，至少可以直接以征伐与刑罚等手段定正卫国君臣、父子的秩序，那么子路便不会说他迂腐，他也无须以"正名"之序作答。因此，他强调的是如何本末有序地理解这一制度。

孔子在名分上为蒯聩之为"世子"正名，但这并不意味着他会单一地支持蒯聩。在灵公或者出公辄在位的时候，他也无从单一地支持出公辄或者公子郢采取什么措施。蒯聩有弑后母之名，能够出奔，却不知避嫌，仍然与后母之党争夺君位，并在先君葬期伙同他国伐父之丧；出公辄虽说可能年岁尚幼，无可厚责，但就他的立场来说，父亲为世子，出奔在外，不能如子郢那样谦让，又拒父亲在外，于父子之义不能安；南子身为人母，引起两代父子争斗，罪责更是不小。唯有子郢能够两次让位，但是本为少子，按照周礼传嫡之制，本不当即位。三代四人，无

① 刘宝楠：《论语正义》，中华书局 1990 年版，第 517~518 页。

论对错，本为一家，各有各自本然的位置。《礼记 · 大学》云：

> 子曰："于止，知其所止，可以人而不如鸟乎？"《诗》云："穆穆文王，于缉熙敬止！"为人君，止于仁；为人臣，止于敬；为人子，止于孝；为人父，止于慈；与国人交，止于信。

君臣、父子不是单一的规矩，而是对每个身份的期望和要求。为人君，可以赏，可以罚，但必须以爱民、保民为本，应该"止于仁"，无论在下者是强是弱，是正是邪；为人臣，可以出仕，可以辞避，但必须尊敬长上，敬守职分，应该"止于敬"，无论在上者是暴是柔，是伪是真；为人子，可以顺，可以劝，但必须爱敬亲长，应该"止于孝"，无论亲人是爱是厌，是苦是富；与国人交，也是如此，当以正己为先。

对孔子来说，最好的选择是能够让当时的各方以礼相待，尽量按照周礼规正自己的位置。但无论是否能够最终确立父子、母子与君臣之间和谐的次序，各方首先需要回到自己的本分。正如叔向在反对子产制定新的刑法时说，"议事以制"，使得各方能够相互理解和交流，即便不能达成最后的结果，也至少避免直接的相互争斗。卫国君臣、父子、母子的问题需要"正名"，但不是将"正名"作为一个单一的规矩，单一地要求错的一方如何行事，而是将各方安顿在各自的位置上，使其能够拥有自己合礼的位置，使其能够尊重他人合礼的位置。庄公能够拥有自己合礼的位置，不至于为了获得君位，与自己的母辈和儿子争斗；南子与出公辄能够获得自己的位置，不用在名分与权力上终日不安；子郢能够尽其公子的责任，避免家族内斗，避免敌国外患。当然，这只是"正名"次序中理想的情况。如果不能实现这一点，各方只能从各自当有的立场出发，无论面临还是引起征伐与刑罚，都需尽量以礼自制，不能克己太过，更不能伤人太过。换言之，孔子通过“正名”确立的“制度”不是评判和奖惩各方对错的抽象规则，而是通过修正自己与尊重他者趋向的秩序。

孔子的“正名”并不是单一的规矩与要求，不必导致唯一的行为选择。卫国内乱，子羔去卫，子路死义，都不失其为人臣之心。《论语·微子》曰：

> 微子去之，箕子为之奴，比干谏而死，孔子曰：“殷有三仁焉。”

君臣、父子体现的宗法等级制度并非单一的规矩，而是各方通过正己而按照相互之间的差别，共同形成的相互尊重的秩序。这一“制度”对各方的规定不是具体规则的规范。对孔子来说，“正名”的“制度”是各方自为君子的道德要求，各方可以按照自己的德行，在具体的情境之中做出不同的选择；选择不同，道路不同，只要能够体现其德行，都不失为“君子”，不失为“仁”。与此相应，如何处理卫国的政治，孔子的看法是不必拘于一格，是以刑罚与征伐还是以礼处事，都需顾及相关者的身份与角色，立足于各自正当的名分，虽然相互尊重是最好的选择。

因此，孔子以君子之“德”与“礼义”对“正名”本末次序的这种理解，不可以还原为某种具体的规范，不可以简化成某种因果关系或者目的形态。但是，如果因此将其视为所谓本质主义或因果与目的模式的对立面，也是误解了“德”与“义”作为“正名”本末次序的根本，对各种规范与模式具有根本的包容性和选择度。

对孔子来说，“名物”“制度”作为“礼”的基本形态，是表达和体现“礼义”的必要方式。孔子的“正名”以“义”通贯了“礼”的基本形态的本末实践秩序。正当地体现了“义”的“名物制度”，才是真正的“礼”，但“礼文”与“礼义”统一的根本还在于行礼之人是否有“德”。“正名”确立的“制度”不是单一的是非规范，更是行礼之人各自为己、共同实践的秩序。

## 第二节　孔子与礼乐文化传统

在西周礼乐文化传统中，祭祀等典礼仪式是“名”“物”等各种“礼”的形态统一而集中地获得其“礼义”的基本方式，“制度”主要是通过王朝邦国典礼确立，而不是借助成文的律法。《今文尚书》中，《周书》各篇所记多为王朝大典中参与者的仪行与对话，只有《吕刑》较多地直接陈述制度，并且只是刑罚制度。叔向根据传统的礼乐精神曾经指出，制定成文的律令，三代以来，都只是末世救世的做法；以典礼实践确立制度，对他来说，乃是三代一贯之道。子产也同意这一观点，认为自己制定成文法，只是“救世”，不是“礼”的要义（《左传·昭公六年》）。春秋时期，虽然有许多贤达对礼乐文化的精神做了各种精微的阐发，但是，总体而言，礼乐文化开始废弛，传统的典礼仪式不再受到重视，社会无序日益加剧，各种顺应时势的新的政治与道德思想的影响力日益增强。尽管如此，孔子仍然非常重视西周礼乐文化传统，他说，“周监于二代，郁郁乎文哉，吾从周。”（《论语·八佾》）孔子认同和维护西周通过祭祀等王朝邦国典礼确立宗法等级秩序的传统，他以典礼仪式的状况理解当时的时代危机，由此综合和贯通了以典礼仪式为典范的“礼”的意义，继承和深化了礼乐文化传统的内在精神。

现代许多学者依据一定的思维模式与理论预设理解孔子的思想。蔡尚思认为，“礼”是维护统治阶级利益的手段，复兴“周礼”是孔子政治活动和思想学说的起点与归宿，其目的即是维护和巩固贵族阶级的统治。[①] 蔡尚思并非对西周以来礼乐文化的“保民”思想视而不见，并非对孔子的德行精神、“爱人”思想视而不见。他认为，理解孔子，需要分清手段和目的。[②] 根据这一理解，所有有关“保民”“爱人”与德行精神的关注，都是为了化解民众的反抗意识，更好地维护没落的宗法等级制度。蔡尚思以一种功利主义的目的论将孔子的“礼”还原为一种“礼政”，一种政治意识形态，这种观点代表了“五四”以来对孔子“礼”的思想的通行理解。这种思维通过简化孔子的思想方式，清除了功利算计之外孔子传承和深化礼乐文化传统的种种精神形态。由于西周礼乐文化对孔子的熏陶，以及孔子对“礼仪”的道德与宗教意义的传承与深化，孔子具备的道德品格与礼乐精神超出了任何一种功利思维的想象力。陈来对“礼”的理解深刻得多。但是，他也认为，孔子时代以祭祀、朝会等仪式为代表的形式上的礼乐文化已经衰落，更有救世有效性的“礼政”取代“礼仪”，成为“礼”的核心意义，这是当时的趋势。他也认可这一趋势的合理性。[③] 他无疑采取了一种近似的目的与手段的立场，虽然他更为明确地预设了理性与宗教的对立。[④] 正是因为这些预设，陈来将“礼”的宗教意义与“礼”的道德政治意义对立，从而将

① 蔡尚思：《孔子思想体系》，上海人民出版社1982年版，第288页。

② 蔡尚思：《孔子思想体系》，上海人民出版社1982年版，第243页。

③ 陈来：《古代思想文化的世界——春秋时代的宗教、伦理与社会思想》，生活・读书・新知三联书店2002年版，第15页。

④ 陈来：《古代思想文化的世界——春秋时代的宗教、伦理与社会思想》，生活・读书・新知三联书店2002年版，第12~13页。

以祭祀等事神仪式为代表的“礼仪”与以政事、刑罚为代表的“礼政”加以区分。但是这些预设对孔子及其前人来说是否有效，值得商榷。天人鬼神及与之发生关系的重大典礼仪式，是孔子“礼”的思想中极为重要的面向，不可忽视。孔子对典礼传统的继承与阐发乃是基于一种不同于功利主义目的论的立场，同时也并不预设宗教鬼神与人文理性的对立。不仅如此，陈来预设宗教与人文的区分，并将其作为旧传统与新精神之间革新或者断裂的标志，也是低估了历史传承问题本身在礼乐传统中的分量。只有正视孔子对礼乐文化传统特别是其内在精神与立场的继承和反思，才能适当地把握孔子所谓“礼”的根本精神与其理解“礼”的基本立场。

## 一、文明的危机

西周礼乐文化中，祭祀、册命、朝会等典礼仪式是确立天子、诸侯各级名分差等秩序的最根本的“礼”。天子及各级诸侯通过祭祀、朝会、册命等仪式，在实践中赋予代表他们各自名分的“名”与“物”以有序的“制度”意义。例如，《礼记·明堂位》对此有大体的追述：

> 昔者周公朝诸侯于明堂之位：天子负斧依南乡而立；三公，中阶之前，北面东上。诸侯之位，阼阶之东，西面北上。诸伯之国，西阶之西，东面北上。诸子之国，门东，北面东上。诸男之国，门西，北面东上。九夷之国，东门之外，西面北上。八蛮之国，南门之外，北面东上。六戎之国，西门之外，东面南上。五狄之国，北门之外，南面东上。九采之国，应门之外，北面东上。四塞，世告

至。此周公明堂之位也。明堂也者，明诸侯之尊卑也。

“周公朝诸侯于明堂之位”，通过位次及相应仪式的安排，以“明诸侯之尊卑”，确立公、侯、伯、子、男、夷、蛮、戎、狄、采等内外、上下的宗法、等级次序，明确内外、上下不同差等与等级的诸侯之间的亲疏与尊卑关系。西周的宗法等级制度正是由类似的名分秩序井然的典礼仪式确立。

春秋时代，周室衰微，诸侯争霸，方伯确立自身地位、权制邦国的基本方式演变为朝会等礼。大国与小国都试图在朝会等正式场合，对西周及前代班爵等制度加以损益，确立各自的名分与权责的差等。《左传 · 昭公十三年》记载，子产在诸侯朝会上辩论班爵贡赋之制，力争到底。他说[①]，

昔天子班贡，轻重以列，列尊贡重，周之制也。卑而贡重者，甸服也。郑伯，男也，而使从公侯之贡，惧弗给也，敢以为请。诸侯靖兵，好以为事。行理之命，无月不至，贡之无艺，小国有阙，所以得罪也。诸侯修盟，存小国也。贡献无极，亡可待也。存亡之制，将在今矣。

子产认为，按照周礼，郑伯之“名”只是男爵，却要承担公爵、侯爵承担的权责与贡赋，郑国国民将不堪重负。子产以周代班爵贡赋的礼制为依据，认为诸侯大国与小国之间需以周代礼制精神为据，按照诸侯的差等次序确立相应的权责与贡赋，否则，没有制度的节制，大国的

① 孔颖达：《春秋左传正义》，北京大学出版社 1999 年版，第 1327～1329 页。

要求毫无限度，小国将不堪其命，存亡可危。如果说，周公制礼作乐是从天子的政治职权出发，通过典礼确立天下有序的等级，以使上下民人各安其位，子产争论班贡之制，则是从小国的生死存亡出发，强调国家之间制定有序的等级制度对小国安危的意义。孔子对此评价说，“合诸侯，艺贡事，礼也”，他称赞子产为“邦家之基”。孔子对子产的赞赏恰恰在于子产践行了礼乐文明通过诸侯朝会等仪式议定和确立制度的传统精神与惯例。

春秋时代，典礼仪式的传统作用每况愈下。天子祭祀等仪式的典范意义衰微之后，是诸侯朝会等仪式发挥主导的时代。在天子、方伯的时代，祭祀、朝会等典礼仪式是确立制度与礼义的形式，是天子、方伯等各级典礼的参与者交流和相处的方式。所谓“则以观德”，成了天子、方伯、上下民人理解自己和对方是否尽到了各自的本分、是否维持了与自身息息相关的社会秩序的方式。按照这一传统，周代宗法等级制度，是关切或尊重天子与诸侯、大国与小国、华夏与夷狄各自立场与权责差异的差等秩序。这种宗法等级制度并不仅仅是对一方立场的关注，而是尊重亲疏、远近、强弱等差异，共同确立以各自立场为准的权责。而诸侯朝会等仪式的典范意义衰落之后，东周便进入了天下无序、人人可危的战争时代。

孔子继承了周礼以典礼仪式培育和理解上下德行与社会境况的精神，延续了以“礼”的状况理解天下民人状况的传统。他说，

> 天下有道，则礼乐征伐自天子出；天下无道，则礼乐征伐自诸侯出。自诸侯出，盖十世希不失矣；自大夫出，五世希不失矣；陪臣执国命，三世希不失矣。天下有道，则政不在大夫。天下有道，则庶人不议。（《论语·季氏》）

孔安国说，“周幽王为犬戎所杀，平王东迁，周始微弱。诸侯自作礼乐，专行征伐，始于隐公。至昭公十世失政，死于乾侯矣”[①]；“季文子初得政，至桓子五世，为家臣阳虎所囚”[②]。马融说，“阳虎为季氏家臣，至虎三世而出奔齐”[③]。孔子的上述言说是对当时时势的理解和判定，他的判定标准即是“礼”。“礼乐”以“祀”为大，“征伐”即所谓“戎”。孔子以“礼乐”与“征伐”等春秋时人认为最为重要的仪式活动为表征，理解天下、国、家的有道与无道。天子不能以礼乐征伐规正文明秩序，否则天下诸国将陷入失序乃至战乱的境地；国君不能以礼乐征伐规正一方文明秩序，否则一国诸家之间将陷入失序乃至战乱的境地；如果到了需要大夫、陪臣主动或被动维持秩序的时候，那么人与人便陷入了全面的纷争处境。按照周礼保民的精神，天下的礼乐征伐当保天下之民，一国的礼乐征伐当保一国之民；人人不得不自保的时代，将是人人自危的时代。春秋晚期，诸侯之间竞争加剧，诸国内部分崩离析，天子、方伯确立的名物秩序及其代表的规范进一步失效，人与人、家与家、国与国之间再无文明而温情的关系，争斗和战争成为时局的主导，以至于到了战国时期，战争成为定义政治的根本事务。在天子代表的天下和诸侯代表的方国秩序得以维持的时候，还有天下人或者国人之间由“礼乐”体现的文明关系，但到了天下无序，上下的次序由斗争而不是典礼确立的时候，人与人之间只有狭义的权力关系与生死相对的问题了。孔子说，

> 道之以政，齐之以刑，民免而无耻；道之以德，齐之以礼，有耻且格。（《论语·为政》）

---

① 邢昺：《论语注疏》，北京大学出版社 2000 年版，第 254 页。

② 邢昺：《论语注疏》，北京大学出版社 2000 年版，第 255 页。

③ 邢昺：《论语注疏》，北京大学出版社 2000 年版，第 255 页。

上下的关系状况，在上者使用德礼时，与在上者使用刑政时，并不一样。“民免而无耻”，并不仅仅是民众的德行出现了问题，这一问题只是上下关系状况的反映。邢昺以“道”为“化诱”①，朱子以之为“引导，谓先之也”。朱子解释说，“言躬行以率之，则民固有所观感而兴起矣，而其浅深厚薄之不一者，又有礼以一之，则民耻于不善，而又有以至于善也”②。朱子强调“躬行以率之”，不是如蔡尚思的理解，以“德”为手段，或者仅仅是教化民众要学习德行，而是为政者自己首先要以自己的德行为表率，先于民众而行善，引导他们成就德行。这是上下共同而有序地成就德行的实践关系，在上者的先导最好的体现是做好自己。朱子强调“有礼而一之”，也不是如蔡尚思的理解，以“礼”为手段，维护等级制度，或者仅仅以“礼”教导民众，提高民众的素质，而是为政者自己在对待民众的时候要有“礼”，为政者的言行首先要有“礼”。无论是“德”与“礼”，还是“刑”与“政”，都不是仅仅从上下的功利性效果加以理解，而是首先就其体现的在上者的德行与上下关系状况来理解。在上者如果不得已而用刑政为先导，要么是在上者的德行出现了问题，要么是上下关系出现了问题，其次才是民众德行的问题。

刑政的意义凸显是上下关系极端化的表征。这预示着，社会趋向于越来越通过强化上对下的刑罚与人和人之间的争斗维持苟延残喘的局面。那种以上下对立为正当的“礼”，是“礼”的恶化。子产所谓“救世”的时代，即是出现了问题的时代。与叔向和子产一样，孔子并不将“礼”的意义限定于这种时代，即便某种“礼政”更适应这种时代的状况。孔子对“礼”具有更为深远而负责的历史眼光。如果对“礼

① 邢昺：《论语注疏》，北京大学出版社 2000 年版，第 16 页。

② 朱熹：《四书章句集注》，凤凰出版传媒集团 2008 年版，第 52~53 页。

仪”的理解也预设上下的对立，将其理解为等级控制的工具，如此理解的“礼仪”反而只是极端状况的意义，是在一种极端情况中理解“礼仪”，并未尊重孔子理解的“礼仪”作为社会文明状况的表征这种本有的意义。

这一时代危机不仅是秩序崩溃的问题，对孔子来说，它也是传统文明的危机。在春秋时代的语境之中，与上下渐趋极端的对立相应，也出现了古今与华夷逐步恶化的对立。周初分封唐、虞、夏、商先王之后，使其各守其祭祀，前代的文明得以在一定限度内传承。周代通过王朝邦国典礼，将对先祖鬼神的祭祀视为国家文明传统中最重要的事务，各种不同传统的文化通过祭祀等典礼仪式而得以重视和传承，邦国与部族的文化独立因此得到了一定程度的尊重和延续。然而，到了春秋时代，“弑君三十六，亡国五十二”（《史记 · 太史公自序》），许多国家、部族灭绝，宗庙无继，社稷不保，文化断绝。由于周室衰微，上下内外秩序崩溃，《礼记 · 明堂位》所记夷、蛮、戎、狄、采、塞等非华夏部族与邦国，与华夏诸国的关系也更加对立。蛮夷华夏交相侵伐，对各方的文化来说都意味着现实的危机。

周室衰微，东周王室也没能遵守西周确立的礼乐文化。[①] 天下诸侯也竞相效尤，多行违背周礼之事。为了避免引起非议，他们刻意去除礼乐传统的仪式与典籍。[②] 但是，相对而言，由于鲁国的延续，周礼仍有存续，但前代文明存亡的问题更加严重。孔子说，

> 夏礼吾能言之，杞不足征也；殷礼吾能言之，宋不足征也。文

① 《春秋》经传记有众多王室非礼的事情，周桓公直接将诸侯的离异理解为王室的“不礼”，见《左传 · 隐公六年》。

② 孟子说：“诸侯恶其害己也，而皆去其籍。”见《孟子 · 万章下》。

献不足故也。足，则吾能征之矣。(《论语·八佾》)

孔子所谓“献”即“贤”。郑玄说，“献，犹贤也。我不以礼成之者，以此二国之君文章贤才不足故也”[①]。子贡说，“文武之道，未坠于地，在人。贤者识其大者，不贤者识其小者，莫不有文武之道焉。”孔子师徒强调了人对传承文明的重要。对他们来说，文明存在于人的实践之中，而不仅仅是现代所谓文献之中。

前代文明的传承不仅是现代所谓文献的传承，更是存在方式的延续，是传统精神的传承。祭祀等仪式是传统文明生活中最严肃、最核心的活动，需要有贤德之人才能传承。孔子深切地感到这种危机，他说，

文王既没，文不在兹乎？天之将丧斯文也，后死者不得与于斯文也。(《论语·子罕》)。

朱子解释说，“道之显者谓之文，盖礼乐制度之谓”[②]。周代的礼乐文化陷入深重的危机，几乎所有的传统文明都残缺不全，岌岌可危。孔子忧虑前代的文化，也忧虑后世能不能获得历史文明的滋养。当时诸侯与大夫，无论在思想上还是在行为之中，无论是主动还是被动，越来越适应于当时的冲突与战争状态，甚至以之为历史的常态和唯一的现实。传统文化、礼乐文明被视为不合时宜，被视为迂腐。在此情势之中，即便暴政、战争与灾害不将文献的传统毁灭，人们也会在自己的思想中将自己文明的传统断绝。

因此，礼乐文化的危机即是文明秩序的危机，也是历史传统的危

① 邢昺：《论语注疏》，北京大学出版社 2000 年版，第 36 页。

② 朱熹：《四书章句集注》，凤凰出版传媒集团 2008 年版，第 106 页。

机。面对这一危机，孔子不仅重视通过仪式确立的“名物制度”规正和传承礼乐文化，也强调按照传统的礼仪精神，通过正确合礼的仪行，塑造有贤德、能担当的君子，以兴亡继绝，传承传统文明。这种危机持续恶化，诸侯相征，天下大乱，最后，秦灭六国，焚书坑儒。如果不是孔门弟子努力地传承与接续，中国古代文明将彻底断绝，如同人类许多古代文明一样。

## 二、“亲亲”而“忠”与“尊尊”而“恕”

西周礼乐文化传统不仅有系统的仪式与制度，也有其相应的精神，它们是孔子“仁礼”精神的基本来源。王国维在《殷周制度论》一书中分析周代礼制精神时指出：

> 周之制度、典礼，乃道德之器械，而尊尊、亲亲、贤贤、男女有别四者之结体也，此之谓民彝。其有不由此者，谓之非彝。
>
> 尊尊、亲亲、贤贤，此三者治天下之通义也。周人以尊尊、亲亲二义，上治祖祢，下治子孙，旁治昆弟，而以贤贤之义治官。故天子、诸侯世，而天子、诸侯之卿、大夫、士皆不世。盖天子诸侯者，有土之君也。有土之君，不传子、不立嫡，则无以弭天下之争。卿、大夫、士者，图事之臣也，不任贤，无以治天下之事。

王国维认为，“尊尊”“亲亲”是西周宗法制度的根本精神，“尊尊”“亲亲”“贤贤”“男女有别”是西周典礼的主要精神，其中，“尊尊”“亲亲”“贤贤”是天下通义。但是，童书业认为，根据西周鼎铭以及《左传・隐公三年》以展氏为“官族”的记载，西周与春秋必定存在世官制。[1] 陈来据此指出，就史实而言，西周春秋有“尊尊”“亲亲”，而无“贤贤”，“亲亲”精神是西周春秋制度的根本，“贤贤”是春秋后期异姓开始能够掌握执政权后才日渐重要的精神。[2] 但是陈来也承认，在制度上，可能找不到关于卿大夫世袭的明文规定。[3]

王国维不是说“贤贤”的精神在西周春秋得以彻底贯彻，而是说，“贤贤”是西周官制视为正当的精神。对《左传·隐公三年》所记“官族”之说，《公羊传·隐公三年》评论说，“世卿非礼也”。《汉书·魏相丙吉传》曰：

> 春秋讥世卿，恶宋三世为大夫，及鲁季孙之专权，皆危乱国家。

这种观点即是以卿大夫之职为不可世袭，否则即是专权。当然，就史实而言，可能西周、春秋大部分的政治现实中，亲亲都是首要的精神。周初分封即是如此，《荀子·儒效》说，周公分封，“立七十一国，姬姓独居五十三。”但是，就原则而言，同时也就事实而言，西周春秋不可能没有“贤贤”的精神，即便以“世官”为定制，亲亲也必然需要贤贤作为补充。《左传·襄公三十一年》记载，穆叔说，

> 大子死，有母弟则立之，无则立长。年钧择贤，义钧则卜，古

---

① 童书业：《春秋左传研究》，上海人民出版社1980年版，第147页。

② 陈来：《古代思想文化的世界——春秋时代的宗教、伦理与社会思想》，生活·读书·新知三联书店2002年版，第208页。

③ 陈来：《古代思想文化的世界——春秋时代的宗教、伦理与社会思想》，生活·读书·新知三联书店2002年版，第208页。

之道也。

在以“亲亲”为精神的世袭制度之中，如果当事人亲疏同等，便需要按其贤否抉择。在官制之中，面对众多可能的人选，情况更是如此。不论祭祀、朝会，还是经济、战争，许多事务不是某一个或某一群家族能够完全承担的，必然需要众人的参与。即便按照亲疏，要分同姓与异姓，同姓之内，至少年龄相同的必须择贤；异姓更是如此。因此，“贤贤”必然是西周春秋典礼制度的重要精神，无论是就原则还是就事实来说，不可能没有“贤贤”精神的体现。

问题是，这四种精神是否西周春秋礼制不可增删的唯一一组精神。王国维的观点其实延续了先秦对西周礼制精神的某种理解。但是，先秦贤达对西周礼制精神的理解并不统一。《周礼 · 天官冢宰》曰：

以八统诏王驭万民：一曰亲亲，二曰敬故，三曰进贤，四曰使能，五曰保庸，六曰尊贵，七曰达吏，八曰礼宾。

“亲亲”“敬故”“进贤”“使能”“保庸”“尊贵”“达吏”“礼宾”八种精神被视为天子治理万民的方式。除了“亲亲”之外，“进贤”“尊贵”近似于王国维所说“贤贤”与“尊尊”，其他则否。《国语 · 周语》记富辰表达了类似的精神：

尊贵、明贤、庸勋、长老、爱亲、礼新、亲旧。

七种精神中，只有“尊贵”“明贤”“爱亲”与王国维的理解近似。与王国维的理解相同的是《公羊传 · 闵公二年》：

春秋为尊者讳，为亲者讳，为贤者讳。

“尊尊”“亲亲”“贤贤”即便没有被《公羊传》直接表述为“天下通义”，但至少被视为《春秋》的基本精神。有些文献与王国维一样，将某些精神视为“人道”的基本精神。《礼记·丧服小记》曰：

亲亲、尊尊、长长、男女之有别，人道之大者也。

《礼记·大传》曰：

立权度量，考文章，改正朔，易服色，殊徽号，异器械，别衣服，此其所得与民变革者也。其不可得变革者则有矣：亲亲也，尊尊也，长长也，男女有别，此其不可得与民变革者也。

《礼记》的这两篇将亲亲、尊尊、长长、男女有别视为最为重要、不可变更的“人道”，其中有“长长”而无“贤贤”。先秦对西周春秋基本礼乐精神做出了各种理解，他们的理解并不相同，但各种名目之中大多都有“尊尊”与“亲亲”，并且以这类精神理解西周以来的礼乐文化与制度，是当时比较通行的观念与立场。

根据《礼记》诸篇的传述，孔子对西周礼乐文化传统的精神做了更加简明而系统的贯通。《礼记·中庸》所记孔子之言中有对这种思想的详细表述。孔子说，

宗庙之礼，所以序昭穆也；序爵，所以辨贵贱也；序事，所以

辨贤也；旅酬下为上，所以逮贱也；燕毛，所以序齿也。践其位，行其礼，奏其乐，敬其所尊，爱其所亲，事死如事生，事亡如事存，孝之至也。郊社之礼，所以事上帝也；宗庙之礼，所以祀乎其先也。明乎郊社之礼、禘尝之义，治国其如示诸掌乎！

孔子陈述的精神有长长、幼幼、贵贵、逮贱、贤贤、敬尊、爱亲。不过，其中最为重要的，是郊社与禘尝之礼及其体现的精神。孔子认为，郊社之礼，祭祀天地，乃是与上帝发生上下有序的关系；宗庙之礼，祭祀祖宗，乃是与祖先发生先后有序的关系。祭祀天地的郊社之礼，与祭祀先祖的禘尝之礼，是两种根本的典礼，以之为根基，治国至为简易。因为，在礼乐文化传统中，王朝邦国通过这两种典礼确立了上下等级与亲疏宗法的差等秩序。对先祖的禘尝之礼体现的是“亲亲”的精神，对天地的郊社之礼体现的是“尊尊”的精神。这两种精神不仅体现于郊社与禘尝的大典，它们共同体现于各种关系之中。

郊社与禘尝作为最为重要的典礼，是树立“亲亲”“尊尊”这两种精神的典范，其他各种典礼与政事、仪节与行为，都可以此为范例，继续推行这两种精神。在禘尝之礼垂范的“亲亲”之义中，相对而言，对祖祢是“尊尊”，对子孙是“亲亲”，《礼记·大传》曰，“上治祖祢，尊尊也，下治子孙，亲亲也”。祖祢之中，对祖是“尊尊”，对祢是“亲亲”，《礼记·郊特牲》曰：“尊祖亲考”；对母是“亲亲”，对父是“尊尊”；对家族是“亲亲”，对君主是“尊尊”；对妻子是“亲亲”，对“兄长”是尊尊；对“姻亲”是亲亲，对朋友是“尊尊”；对朋友是“亲亲”，对陌生人是“尊尊”；对国人是“亲亲”，对异邦人是“尊尊”。在郊社之礼垂范的“尊尊”之义中，相对而言，对天是“尊尊”，对地是“亲亲”，《礼记·郊特牲》曰：“尊天而亲地”，《礼记·表记》曰：“土之于民也，亲而不尊；天，尊而不亲”，水有“亲亲”之义，火有“尊尊”之义。因此，先祖与子孙的关系，民众与天地的关系，都以“亲亲”“尊尊”的精神得到了统一的理解。

孔子通过郊社、禘尝两种基本的国家典礼，阐明了他对历史与自然的基本理解。这里需要注意的是，所谓自然，其实也可以说是社会。因为在孔子那里，上下秩序的典范是天人和天地关系，天地与天人的关系因此有其道德与政治的意义；自然不是无关道德与政治的自然，社会不是独立于自然之外的社会。以“亲亲”的精神担当历史的传承，以“尊尊”的精神敬奉自然的秩序。历史与自然能够在孔子的思想中，按照“亲亲”与“尊尊”的精神，得到一以贯之而有其差等的统摄。

《礼记》诸篇所记孔子及其后学对“亲亲”“尊尊”精神的阐发，与《论语》等篇章所记孔子“爱”与“敬”的思想是一贯的。《论语》《礼记》诸篇所记，孔子更加倾向于以“爱”和“敬”理解“亲亲”与“尊尊”的精神。孔子所谓由礼乐事亲成孝，强调的便是“敬其所尊，爱其所亲”。这是以“尊”为“敬”，而以“亲”为“爱”。通过典礼，对先祖致“孝”，既要体现“爱”或“亲”，也要体现“敬”或“尊”。根据《论语·为政》，孔子将这祖先祭祀培育的精神推到了事父母之“孝”的意义上。他说：

> 子游问孝。子曰：“今之孝者，是谓能养。至于犬马，皆能有养；不敬，何以别乎？”

包咸引用《孟子·尽心上》“食而弗爱，豕交之也；爱而不敬，兽畜之也”，说明这是强调对待父母不仅需要亲爱，也需要尊重。[①] 朱子说，“狎恩恃爱，而不知其渐流于不敬，则非小失也”[②]。亲亲之爱过度，可能会随性任意，不能保持尊重。即便在对父母、先祖的“亲亲”之中，“亲亲”与“尊尊”，或者“爱”与“敬”，也是根本的精神。“爱”与“敬”或“亲”与“尊”是《论语》《礼记》各篇所述孔子理解“礼”的根本精神。

不过，多数时候，孔子更强调“爱”与“敬”，而不是“亲亲”“尊尊”。相对而言，“爱”不仅限于“亲亲”，“敬”也不仅限于“尊尊”。根据《论语·学而》，孔子也将“爱”与“敬”的精神推到了治国之道上。他说：

> 道千乘之国，敬事而信，节用而爱人，使民以时。

以“敬”的精神治国，如同承担郊社典礼，需有敬畏的精神，如所谓“使民如承大祭”（《论语·颜渊》）；同时，对民众也要有“爱”的精神，如同率领自己的子弟，共同祭祀其共同的先祖，以祖先、子孙与自己为一体，无不爱之。治国与安民超出了对上天与君主“尊尊”的范围，也已超出了对先祖与父母“亲亲”的范围。“爱”推广了“亲亲”的精神，在概念上使其更具超越血缘与亲缘界限的特点；“敬”扩展了“尊尊”的精神，在概念上使其更具超越宗教与政治界限的特点。

孔子以“爱”和“敬”作为“礼”的根本精神，做了广泛但一以贯之的推演。《孝经》与大小戴《礼记》等篇章所记孔子言说都能体现这一一贯的思想。《礼记·祭义》记载：

---

① 邢昺：《论语注疏》，北京大学出版社2000年版，第18页。

② 朱熹：《四书章句集注》，凤凰出版传媒集团2008年版，第53页。

子曰："立爱自亲始，教民睦也。立教自长始，教民顺也。教以慈睦，而民贵有亲；教以敬长，而民贵用命。孝以事亲，顺以听命，错诸天下，无所不行。"

据此，孔子认为，"爱"与"敬"乃是天下得以和睦与敬顺的根本精神，培育这两种精神，分别从"亲亲"与"尊尊"开始，通过"亲亲"与"尊尊"，使得民众具备"爱"与"敬"的精神，能够相互和睦，能够敬顺有序。根据孔子的这一理解，传统礼乐文化中的"亲亲"与"尊尊"是教化的开端，而"爱"与"敬"是比"亲亲"与"尊尊"更为根本的精神，"亲亲"与"尊尊"作为教化起始的意义，正在于培育"爱"与"敬"的精神。孔子在此明确地表达了，"爱"与"敬"，相对于"亲亲"与"尊尊"，是意义更为广泛而根本的概念。

《礼记·哀公问》记载孔子对鲁哀公的回答，也体现了以"爱"与"敬"为根本的精神。孔子说：

古之为政，爱人为大；所以治爱人，礼为大；所以治礼，敬为大；敬之至矣，大昏为大。大昏至矣！大昏既至，冕而亲迎，亲之也。亲之也者，亲之也。是故，君子兴敬为亲；舍敬，是遗亲也。弗爱不亲；弗敬不正。爱与敬，其政之本与！

这段对话在大戴《礼记》等文献中也有记载。"礼"是"爱"与"敬"的统一。由于鲁哀公失政，孔子多次劝他能够通过婚姻取得外援，一方面扩展"爱"而"亲亲"的精神，扩展和增强鲁国公室的影响，同时也要尊重姻亲，确立内外的秩序；孔子也希望鲁哀公能够通过在婚姻这件事情上的“冕而亲迎”之礼，培育和彰显“亲亲”而“尊尊”的精神，能够确立为政和外交中这种“爱”与“敬”的精神，有序有节地治国理政。孔子明确表达了以“爱”与“敬”的精神为政治根本的观念。

《孝经》所记孔子对曾子的训导也以“爱”与“敬”的精神为根本。孔子说：

> 爱亲者，不敢恶于人；敬亲者，不敢慢于人。爱敬尽于事亲，而德教加于百姓，刑于四海，盖天子之孝也。

“孝”包括“爱亲”与“敬亲”两个方面，这与《论语 · 为政》所记孔子论“孝”的思想一致。孔子认为，天子能够做到既“爱亲”又“敬亲”，便可以培育他对天下之人的“爱”与“敬”，天子也通过自己的这一精神，引导天下践履这两种精神，使得天下和睦有序。因此，以“爱”与“敬”继承和超越西周礼乐文化“亲亲”与“尊尊”的精神，是《论语》、《孝经》、大小戴《礼记》所记孔子言说的一贯思想。

虽然“仁”在狭义上的确常常被作为爱，与是非之“义”相对，但根据《礼记》的记述，孔子以“仁”与“义”为根本意义的“仁”的两个方面，仍然是深化了“爱”“敬”与“亲亲”“尊尊”的精神。仁义的区分同样使得这种源自西周礼乐文化传统的精神，在范围与内涵上都达到了一贯。《礼记 · 中庸》记载：

> 哀公问政。子曰：“文、武之政，布在方策，其人存，则其政举；其人亡，则其政息。人道敏政，地道敏树。夫政也者，蒲卢也。故为政在人，取人以身，修身以道，修道以仁。仁者人

也，亲亲为大；义者宜也，尊贤为大。亲亲之杀，尊贤之等，礼所生也。”

孔子认为，文武之道是周礼的传统，是不在书策所记的抽象制度，而在是否有有德之人坚持和传承。这种“礼”的传统，“亲亲”与“尊尊”是其根本精神。但是，孔子在此将“尊尊”改为“尊贤”，将“亲亲”与“尊贤”分别理解为“仁”与“义”的体现，而“仁”与“义”又是“修身”之“仁”的两个基本方面。

因此，孔子以“仁”为大本，分而为狭义的“仁”与“义”，以“仁”为人之为人，而以“义”为“宜”，并分别以“亲亲”与“尊贤”为其最大的体现。亲疏的差等，尊贤的等级，是“礼”的基本精神，在“仁”与“义”之中得到了深化，在根本意义的“仁”之中得到了统一。

在此特别需要注意的，是孔子对“尊贤”之“义”与对“修身”之“仁”的理解。首先，“尊”不是权力或地位的尊贵，而是“贤”的尊贵，是“义”的尊贵。孔子的这一思想不仅在《礼记》的传述中有所体现，也是《论语》等文献所记孔子及其弟子言说的共同倾向。孔子崇尚的高低尊卑的次序不是权力与出身的尊卑，而是“贤”与“义”之大小的差等。《论语》以“君子”与德义作为成人的根本，而不是以权位作为为学的目标，即是这种“尊贤”精神的反映。《论语·卫灵公》记孔子之言曰，“君子义以为质，礼以行之”，即是“义”为“礼”的根本，以“礼”行“义”作为成德的标志。《论语·卫灵公》记载：

子贡问为仁。子曰：“工欲善其事，必先利其器。居是邦也，事其大夫之贤者，友其士之仁者。”

孔子对“为仁”的理解，即是以“贤贤”与“友仁”的精神为基本的分疏，可以理解为“仁”对“尊贤”与“友爱”精神的统一。《论语·子张》记载，子贡说：

> 文武之道，未坠于地，在人。贤者识其大者，不贤者识其小者，莫不有文武之道焉。夫子焉不学？而亦何常师之有。

与《礼记·中庸》所记孔子之言一样，子贡认为，文武之道是周代礼制，首先体现在贤者身上，“贤贤”因此必须理解为礼乐文化传统的基本精神。《仪礼·士冠礼》等篇章记有“尊尊”为“尊贤”的明确表述。《仪礼·士冠礼》记载：

> 古者五十而后爵，何大夫冠礼之有？公侯之有冠礼也，夏之末造也。天子之元子，犹士也，天下无生而贵者也。继世以立诸侯，象贤也。以官爵人，德之杀也。

《仪礼·士冠礼》记载的这一言说，《礼记·郊特牲》中也有记述，《孔子家语·冠颂》将其归诸孔子。孙希旦解释说，“愚谓继世以立诸侯，以能象其先世之贤，故诸侯无升陟之渐”，“以官爵人，随德隆杀，故大夫无骤为之法”①。这种理解将世袭制度与选贤制度都理解为“尊尊”或者“贤贤”。天子诸侯之所以能够世袭，因为他们可能继承其先君的

① 孙希旦：《礼记集解》，中华书局1989年版，第706页。

贤明，卿大夫、士之所以需要选贤，因为他们只有有其德行才能担当具体的职分。虽然世袭制度并不一定能够保证继承者一定如其先君的贤明，但重要的是，这种理解将“尊尊”的意义转化为“尊贤”，即是以德才的大小理解上下的差等，而不是以权位与出生。

孔子以“仁”深化和统一了“爱”与“敬”的精神，这是《论语》与《礼记》相关篇章所述孔子言说的共同精神。颜渊问仁，孔子回答说，“爱人”（《论语·颜渊》），即是以“爱”解“仁”；仲弓问仁，孔子回答说，“出门如见大宾，使民如承大祭”（《论语·颜渊》），孔安国解释说，“为仁之道，莫尚乎敬”[①]，即是以“敬”解“仁”。如果说“爱”接续了“亲亲”的精神，但又超越了“亲亲”，“仁”则进一步深化，包含了“爱”与“亲亲”，又超越了“爱”与“亲亲”。由于“亲亲”的“爱”是将家族的人视为一体，因此，就其概念来说，范围有限，“爱人”则可将这种“亲亲”的精神扩展到所有人身上，将所有人视为一体；但是，能够“爱人”，仅仅视他人为一体，而自己是否有这个德行，视为一体之后是否能够维持这种一体，便超出了“爱”的范围，因为“爱”毕竟预设了对象，而“爱人”既然视人为一体，便再无对象。另一方面，“爱”并非充足，必须有“敬”才能保持自己与他者相互尊重的同一。否则，没有差别，没有对他者独立存在的尊重，便会无所顾忌，乃是损害他者，使得“爱”形同虚设。“仁”是一个能够包容“爱”与“敬”的概念。《论语·子路》记载：

> 樊迟问仁。子曰：“居处恭，执事敬，与人忠。虽之夷狄，不可弃也。”

---

① 邢昺：《论语注疏》，北京大学出版社2000年版，第178页。

"居处恭""执事敬"是"敬"的精神的两种体现，"与人忠"则是爱人的体现。不过，"忠"有尽己的意思，是将他者视为一体，更是对自为一体的自我的担当。孔子认为，这种精神对任何类型、任何层级的文明都是不可舍弃的。因此，对孔子来说，"仁"的精神是人之"德"与"礼"之"义"的根本，是"爱"与"敬"的根本，是"亲亲"与"尊尊"的根本，这些精神都是"仁"的体现，它们都具体而有所分疏地体现于礼乐文化的传统之中。

关键是，据曾子所述，孔子是以"忠恕之道"将其思想贯通起来的。《论语 · 里仁》记载：

> 子曰："参乎！吾道一以贯之。"曾子曰："唯。"子出。门人问曰："何谓也?"曾子曰："夫子之道，忠恕而已矣。"

孔子指出，他自己的"道"是一以贯之的。曾子将孔子的一贯之道解释为"忠恕"。历代一般都是将"忠"解释为尽己，而将"恕"解释为待人。目前为止，极少有学者将二者与"爱""敬""亲亲""尊尊"的精神面向结合起来。因而通行的解释都是将"忠"理解为体，理解为第一位的，而将"恕"理解为用，理解为第二位的。与此相应，仁一般都是从"爱"的角度解释，多失去了"敬"的一面；对仁的发挥也多从"亲亲"的角度解释，而忽视了"尊尊"对其本原的意义。曾子对孔子一以贯之之"道"的精神的解释，与其所传承的"爱""敬"之道是一脉相承、一以贯之的。这种一以贯之意味着，"忠"与"恕"、"爱"与"敬"、"亲亲"与"尊尊"分别体现了"仁"的为己与待人、求同与存异、一体与差别两个面向。

对孔子来说，"恕"是一贯之道的基本面向。《论语 · 卫灵公》记载，子贡问曰：“有一言而可以终身行之者乎？”子曰：“其恕乎！己所不欲，勿施于人。”孔子认为，“恕”是“己所不欲，勿施于人”。这至少在可“终身行之”的意义上是“一贯之道”。“己所不欲，勿施于人”的“恕”，孔子明确将之视为“仁”的基本面向。《论语·颜渊》记载，“仲弓问仁。子曰：‘出门如见大宾，使民如承大祭。己所不欲，勿施于人。在邦无怨，在家无怨。’”与这种待人之仁（“恕”）相对，成己成人的仁则是“忠”了。根据《论语·雍也》，孔子说，“夫仁者，己欲立而立人，己欲达而达人。能近取譬，可谓仁之方也已。”“忠”是“仁”的基本面向更是毫无疑问。孔子曾以“忠”与“敬”相对，以之为“一贯之道”。《论语·卫灵公》记载，“子张问行。子曰：‘言忠信，行笃敬，虽蛮貊之邦行矣；言不忠信，行不笃敬，虽州里行乎哉？’”在他看来，无论是相对野蛮的地方，还是相对文明的地方，“忠信”与“笃敬”是言行的一贯原则。“忠信”与“爱”、“笃敬”与“敬”“忠恕”一样，是仁之一贯之道的两个基本面向。

如果说“亲亲”与“尊尊”主要体现在宗法和政治层面的话，“爱”与“敬”则体现在更为一般的爱人、敬人的层面，那么，“忠”便最为一般地体现在“为己”的层面，而“恕”更为一般地体现在“达人”的层面。按照这种次序理解，“爱”与“亲亲”便是“忠”的精神扩展，是以“为己”的精神视人如己，“敬”与“尊尊”便是“恕”的精神扩展，是以“达人”的精神尊重他者。正是在这种意义上，“忠恕”之道成为孔子的一贯之道，可以用以确立从个体到家国天下的道德精神，而这种道德精神又是孔子从礼乐文化传承中的“亲亲”与“尊尊”等精神中提炼和深化出来的。

孔子以“亲亲”与“尊尊”理解礼乐文化传统的基本精神，以更为广泛的“爱”与“敬”体现和超越“亲亲”与“尊尊”在血缘与政治领域的局限，并以“忠”与“恕”之仁，在根本意义上将“爱”与“敬”、“亲亲”与“尊尊”的礼乐文化精神加以贯通。在另一个层面上，孔子也分别以相对狭义的“仁”统摄“爱”与“亲亲”，将这种精神奠基于更具根本意义的为己精神之上，以“义”统摄“敬”，以“尊贤”代替“尊尊”，使得这种精神超越权位与出身贵贱的限制，使得上下关系成为一种“义”的大小关系。在最为根本的意义上，孔子以为己之“仁”将“仁”与“义”合为一体。

## 三、“大同”与“大公”

孔子以这种“仁”的精神为本，对唐虞三代文化传统及其特点与得失做了一以贯之的理解，并以其中“仁”和“义”的精神为历史的一体传承与文明的公共秩序奠定了统一的根基。《论语》《礼记》等篇章对孔子有关唐虞三代言说的记述，在“忠”与“恕”、“爱”与“敬”、“亲”与“尊”等精神方面体现出一贯的思想。根据这些记述，孔子将“尊贤”之“义”进一步发挥为“大公”，并将“亲亲”之“仁”扩展为万物一体之“大同”。

《礼记·表记》记载：

> 子曰：“夏道尊命，事鬼敬神而远之，近人而忠焉，先禄而后威，先赏而后罚，亲而不尊；其民之敝：蠢而愚，乔而野，朴而不文。殷人尊神，率民以事神，先鬼而后礼，先罚而后赏，尊而不亲；其民之敝：荡而不静，胜而无耻。周人尊礼尚施，事鬼敬神而远之，近人而忠焉，其赏罚用爵列，亲而不尊；其民之敝：利而巧，文而不惭，贼而蔽。”

子言之曰："后世虽有作者，虞帝弗可及也已矣！君天下，生无私，死不厚其子；子民如父母，有憯怛之爱，有忠利之教；亲而尊，安而敬，威而爱，富而有礼，惠而能散；其君子尊仁畏义，耻费轻实，忠而不犯，义而顺，文而静，宽而有辨。《甫刑》曰：'德威惟威，德明惟明。'非虞帝其孰能如此乎？"

根据这一表述，孔子认为，虞夏商周的文明都可以以"亲亲"与"尊尊"加以理解，特别是这些文明中天人上下、民神亲疏关系的形态。夏代近人而忠，所以以"亲亲"的精神为主，但是"尊命"并"事鬼敬神而远之"，即对鬼神的尊奉并不明显，"尊尊"的精神并非主导，上下关系可能相对松散，所以民众"乔而野"，多处于不甚开化的状态；商代以"尊神"著称，"率民以事神"，上下都以鬼神为事，重视刑罚，尊卑明显，"尊尊"的精神胜过"亲亲"的精神，因此其民众"胜而无耻"，虽然得到了治理，但是没有培育亲和良善的德行；周代与夏代一样，也是"事鬼敬神而远之"，并不如商代那样重视鬼神，但是周代却重视礼，更注重人事，注重等级与名分，"亲亲"的精神有过于"尊尊"的精神，上下关系更加复杂，民众多文巧之心。简言之，夏代创立了世袭制度，在天人关系中重视人，上下关系松散，因此"亲而不尊"；商代重视宗教文化，在民神关系中重视神，上下关系分明，因此"尊而不亲"；周代回归礼乐文化，在天人关系中重视人，上下关系复杂，因此也是"亲而不尊"。对孔子来说，最为良善的状况是舜的时代。舜的时代，天人上下尊卑有序而不过，在上者能够爱民如子而不私。根据这种理解，舜的时代之所以最好，是因为它在"亲亲"与"尊尊"两种精神上并不偏颇，最能体现孔子视为根本的"仁"的精神。

《礼记·礼运》将唐虞时代视为“天下为公”的“大同”时代：

> 昔者仲尼与于蜡宾，事毕，出游于观之上，喟然而叹。仲尼之叹，盖叹鲁也。言偃在侧曰：“君子何叹?”孔子曰：“大道之行也，与三代之英，丘未之逮也，而有志焉。大道之行也，天下为公。选贤与能，讲信修睦，故人不独亲其亲，不独子其子，使老有所终，壮有所用，幼有所长，矜寡孤独废疾者，皆有所养。男有分，女有归。货恶其弃于地也，不必藏于己；力恶其不出于身也，不必为己。是故谋闭而不兴，盗窃乱贼而不作，故外户而不闭，是谓大同。”

根据归诸孔子的这一表述，唐虞时代之所以是“天下为公”的时代，是因为当时在位者是通过“选贤与能”而确立，遵循了上下之别应有的“尊贤”精神，天下并不偏私于任何个人与群体，同时，人们也能扩展其“亲亲”的精神，亲其亲，但不独亲其亲，子其子，但不独子其子。“亲亲”使得天下成为一体的“大同”，“尊贤”使得天下成为共同的“大公”，这就是既“亲”而“尊”。所以，“亲亲”与“尊尊”的差等，并不是预设了亲疏上下的对立，而是在尊重亲疏上下差别的同时，使得亲疏上下成为和谐而有序的共同体。现代许多学者都倾向于将“公”与“差等”对立，造成了对孔子“大公”“大同”思想与“差等”思想的矛盾。这种理解致使同情儒家的学者不得不采取某种方式，将传统宗法等级制度及其精神隔离出孔子“仁”的思想之外，而批评儒家的学者又极力将二者联系起来。只有按照“仁”对“亲亲”与“尊尊”精神进行统一，才能理解孔子的“大公”与“大同”的思想，才会避免这种歧异。孔子即是以这种精神理解天下秩序的崩溃与历史传承的危机，他对西周末期春秋时代文明与政治状况的理解，即是以体现天人上下与民神历史关系的王朝邦国典礼仪式及其中“大公”精神的衰落为依据。《论语·八佾》云：

> 或问禘之说。子曰：“不知也。知其说者之于天下也，其如示诸斯乎！”指其掌。

有的学者将“禘”区分为“大禘”“吉禘”“时禘”三种。[①] 所谓“大禘”，《礼记·大传》云，“礼，不王不禘。王者禘其祖之所自出，以其祖配之”。“大禘”是天子所行之礼，只有天子才能实行；根据《礼记·祭法》，这种类型是唐虞三代相承的礼制，“有虞氏禘黄帝而郊喾，祖颛顼而宗尧。夏后氏亦禘黄帝而郊鲧，祖颛顼而宗禹。殷人禘喾而郊冥，祖契而宗汤。周人禘喾而郊稷，祖文王而宗武王”。所谓“吉禘”，《春秋·闵公二年》云，“吉禘于庄公”，杜预、何休等以之为祫祭，一种集合远近先祖而祭祀的礼；诸侯需要按照昭穆制度实行这种礼。所谓“时禘”，是夏天实行的祭祀，与春秋及冬的祭祀相对，需要以天时为依据。“大禘”只有天子才能祭祀，“吉禘”需要按照昭穆制度，“时禘”需要尊重天时。孔子说过，“禘自既灌而往者，吾不欲观之矣”，以此批评“鲁禘”之非礼。既然如此，孔子自然不是不知禘之说，只是不便直接非议鲁国的禘礼。鲁禘如何非礼，前代学者多有争辩。《礼记·明堂位》说，成王赐鲁天子之礼乐以世世代代祭祀周公，后世遂有以鲁禘为天子之礼祭祀

① 程树德：《论语集释》，中华书局1990年版，第164页。

周公。[①]《礼记·礼运》记孔子之言曰：

> 於呼哀哉！我观周道，幽、厉伤之，吾舍鲁何适矣！鲁之郊、禘，非礼也，周公其衰矣！杞之郊也，禹也。宋之郊也，契也。是天子之事守也。故天子祭天地，诸侯祭社稷。

孔子慨叹周礼的衰微，周室自身违背伤害周礼，不能维持礼乐文化的传统。鲁国的郊禘之礼虽然在仪节上保存了礼乐的形式，却违背了“天子祭天地，诸侯祭社稷”的基本规范。典礼仪式本来需要培育的是天人与上下有序的关系，但上自天子，下到诸侯，都变乱典礼仪式，其中“尊尊”的精神毁于一旦。天下的上下秩序不能保持，天下的公义将得不到有序的维护；一方的上下秩序不能保持，一方的公义便得不到有序的维护。由此类推，国与国、家与家、人与人之间将因缺乏公义的主导而陷入纷争之中。孔子对等级制度的忧虑与维护，强调的是这种“尊尊”的“公义”精神，而不是在上者的私利。

对孔子来说，禘尝等典礼仪式不但可以规范天地神人的“大公”的次序，也可以培育天地神人一体的“大同”的精神。这一传统的覆灭也意味着历史的断裂。禘尝之礼体现与培育的“孝”与“亲亲”精神，是理解和体现与天下、万物“大同”的起点。孔子说：

> 弟子入则孝，出则弟，谨而信，泛爱众而亲仁。（《论语·学而》）

① 程树德：《论语集释》，中华书局1990年版，第164页。

"孝"，正是人逐步推己及人，由亲而疏，推广自己"仁"的精神，以体现"大同"的出发点。禘尝之礼是天子诸侯率天下以"孝"为本，以达到天下慈睦和谐的根本。

这一精神为孔子后学着力阐发。孟子便说过："亲亲而仁民，仁民而爱物"（《孟子·尽心上》）。《礼记·郊特牲》说：

> 万物本乎天，人本乎祖，此所以配上帝也。郊之祭也，大报本反始也。

万物以天为本，人以先祖为本。万物无论如何不同，追溯到其本根，它们会因为上天而体现为一体，人类无论如何疏远，反归到源头，他们会因为先祖而凝聚为一体。先祖虽然已经死亡，后人可能不知如何理解和认识他们死亡之后所属的世界，但后人与他们的关系也是后人与自己的源头和历史的关系。天神即便不可企及，也不能真正理解和认识他们本身存在的方式及形态，但他们与人的关系也是人与万物共同的本根和自然的关系。

曾子说过，"慎终追远，民德归厚矣。"（《论语·学而》）丧祭等仪式对远祖与天神等的追溯即是以"亲亲"的精神反本归宗，认同家族、人类乃是万物一体，由此成就深厚的"大同"精神，成就"仁"德。所以，孔子深深地忧虑说：

> 文王既没，文不在兹乎？天之将丧斯文也，后死者不得与于斯文也。

孔子的忧虑不是可惜一代文化的覆灭，而是忧虑人类与自己的历史脱节，与自己的本原疏隔，将陷入一种狭隘的境地，无法具备对历史与文明的担当，因此无法体现那种“大同”的精神。时代与时代将陷入对立的境地，人类与自己也将陷入对立的境地。

孔子这种对“礼”的精神的理解并不仅仅是以国家社会为有序的道德整体，而是以天地终始、整个世界为有序的道德整体。《礼记·礼运》述孔子之言曰：

> 夫礼，必本于天，殽于地，列于鬼神，达于丧祭、射御、冠昏、朝聘。故圣人以礼示之，故天下国家可得而正也。

天地神人是一体而有序的关系，民人正是通过丧祭等“礼仪”，与天地鬼神发生关系，与自身发生关系。天地、社稷本身的秩序以及人在这些秩序中的位置不能还原为纯粹的宗教，也不能还原为纯粹的政治。民人自身的秩序并不是与天地自然意义不同的政治秩序，民人有秩序的依据，是它们在上下先后的天地时位中的位置；天地自身的秩序并不是与民人政事相互独立的事情，天地秩序的意义体现在它们与民人亲疏尊卑的关系之中。对孔子来说，这一秩序是天地神人共有的秩序。周室与鲁国作为周礼的主导者，失去了本该在仪式中体现的对天人上下之间和谐秩序的爱护与尊重，因此不能在仪式中体现“礼”本有的精神。孔子认为，天子、诸侯不能敬守丧祭之礼，不能在丧祭等礼中爱护天人上下和谐的秩序，这是天人上下混乱无序的重要原因和表征。

总之，孔子以“仁”的精神为大本，按照“忠”“爱”“亲亲”的差等与“恕”“敬”“尊贤”的等级推演次序，将“仁”与“义”的精神推演为“大同”与“大公”。“忠”“爱”“亲亲”的各个差等，“恕”“敬”“尊贤”的各个等级之间，并非绝对的对立。对孔子来说，

"人不独亲其亲"的"大同"，是"忠""爱""亲亲"的精神得到了推广；"选贤与能，讲信修睦"的"大公"，是"恕""敬""尊贤"的精神得到了贯彻。"忠""爱""亲亲""恕""敬""尊贤"，强调的不是亲疏与等级之间的对立，而是成就自己与尊重他者的统一。因此，孔子对礼乐文化传统的继承，对宗法与等级制度的维护，并非出于对在上者礼仪与家族私利的维护，而是从"尊贤"与"亲亲"的精神出发，维护需要由各级在上者主导的天下、国、家的"公义"，维护亲疏不同的个体、家、国各自的立场。

虽然如此，显而易见的是，孔子并没有以"忠恕"或者"爱敬"直接在概念上统一各种不同的精神，而是在个体与家国天下各个层面使用不同的概念，这与其对礼乐文化及其道德精神的理解方式是一贯的。

# 第三章

# 孔子的“仁”与“礼”

“仁”是孔子根本的精神。对孔子而言，“仁”是全德。孝义智勇、为己待人、修齐治平等大小德行，皆可为“仁”统摄。如何理解孔子的“仁”与“礼”的关系，历代学者分歧较多。正如前面所说，如何理解孔子的“仁”与“礼”，在现代陷入了一种近乎悖论的困境：同情孔子思想的学者，大多试图对孔子“仁”与“礼”的意义及其关系做出不同意义的调整，往往以孔子观点的正当为前提，寻找加以辩护的方式；没有认同意识的学者，反倒更加以史实与真义为名，反对这种调整，常常预设了现代价值的正当，以此评判孔子的观点。意义与正当性两个层面的问题交织在一起。问题的确首先是，孔子是否以及如何继承自身时代的礼乐文化传统，只有理解了这一问题，才能真正理解孔子的内在精神；但是，更为深层的问题是，孔子是否以及如何反思自己理解“礼”的正当性，没有对这一反思的理解，与其说是在理解孔子，不如说主要是按照自己预设的正当性前提对自己认定的孔子做正或反的评判，需要将孔子“仁”与“礼”的关系视为反思正当性的原则问题加以理解。

## 第一节 “仁”与“礼”的关系

### 一、本有的概念与现代的解读

对孔子来说，“仁”与“礼”之间的意义关联大体可以分为四种情况：“仁”重而“礼”轻，“礼”重而“仁”轻，“仁”“礼”并重，以及“仁”“礼”皆无关紧要。可以说，没有学者能够有根据地否认“仁”和“礼”在孔子思想中的核心地位与紧密联系，故排除第四种情况。前三种情况都有代表性的观点，现代学者理解“仁”“礼”概念关系的各种观点不外乎这三种立场。但是，并不一定需要在这几种情况之中选择孔子本有的模式与立场。因为这些情况只是概念及其意义的关联，而对孔子来说，“仁”与“礼”并不仅仅是通常所谓的概念。之所以需要关注这种分疏，既是因为它们可以在概念层面有限地说明“仁”与“礼”的关系，也是因为许多现代学者是在这些选项中理解孔子，而在现代情境中重释孔子，难以回避这些解读。这些观点与孔子本有思想的异同，可通过对它们及其遵循的解读模式的反思逐步揭示。

梁家荣将这三种立场理解为：第一，仁本说，以仁为主，礼只是仁的外在表达；第二，礼本说，以礼为中心，仁附属于礼；第三，仁礼并重说，仁与礼同等重要，并无主次。① 他认为，冯友兰、劳思光等持第一种观点。冯友兰认为，“为仁是复礼的补充，也可以说是给周礼加了一些理论的根据”，孔子“虽然把仁和礼并称，但是就一个完全的人格

① 梁家荣：《仁礼之辨——孔子之道的再释与重估》，北京大学出版社 2010 年版，第 29～30 页。

说，'仁'还是比较根本的"[①]。劳思光认为，"仁为礼之基础"[②]；牟宗三认为，"仁是礼乐的原则"[③]。徐复观也以礼为实现仁的方式，信广来将其理解为以礼达仁的"工具式的解释"[④]。赵纪彬和蔡尚思持第二种观点。赵纪彬认为"礼限定仁"，他说，"以'礼'为区分'仁'与'不仁'的标准，以'复礼'为'仁'的内容或方向，是'礼'为第一位而'仁'为第二位，亦即不是用'仁'来改造礼，而是用'礼'来限定'仁'"[⑤]。蔡尚思认为，"礼为目的，仁为手段"，"当孔子把礼仁合一而论时，实质上是以礼为仁，纳仁入礼，礼为目的，仁为手段"，"当孔子把礼和仁分开加以比较时，也认为礼比仁的要求更高，礼比仁的范围更广。[⑥] 第三种观点的代表包括了冯友兰在某些地方的说法，以及西方汉学家如芬格莱特、史华慈等的看法。冯友兰说，孔子"有的时候用'仁'规定'礼'，有的时候用'礼'规定'仁'。这是因为在他的思想中，一个完全的道德质量，是'仁'和'礼'的统一，没有礼的节制的真情实感，严格地说，也不成其为'仁'。所以真正的礼，必包含有'仁'；完全的仁也必包含有'礼'。这就是两个对立面的相互渗透。所以一个完全的道德质量，就是'礼'与'仁'的统一。一个完全的人格，就是这个统一的体现"[⑦]。梁家荣的区分清晰地列举了现代研究孔子"仁"与"礼"概念的主要类型，并未直接涉及解读

---

① 冯友兰：《中国哲学史新编》，人民出版社 1998 年版，第 157、164~165 页。

② 劳思光：《新编中国哲学史》（一），（台北）三民书局 1991 年版，第 122 页。

③ 牟宗三：《中国哲学十九讲》，（台北）学生书局 1983 年版，第 54 页。

④ 信广来：《〈论语〉中的仁与礼》，《道德哲学与儒家传统》，华东师范大学出版社 2010 年版，第 160~177 页。

⑤ 赵纪彬：《论语新探》，人民出版社 1976 年版，第 290 页。

⑥ 蔡尚思：《孔子思想体系》，上海人民出版社 1982 年版，第 240、241 页。

⑦ 冯友兰：《中国哲学史新编》，人民出版社 1998 年版，第 164~165 页。

模式的问题。

信广来将以徐复观与蔡尚思等现代学者为代表的理解区分为两种模式，即其所谓“工具主义”和“界定主义”的解释①；他的区分，虽然表面上看只有两种，却切近模式与原则问题。

在信广来看来，徐复观等人的观点近似其所谓“工具主义”的解释。徐复观认为，孔子用“仁”概括理想的精神生活，以“仁”这一理想为传统的“礼”的规则提供合理性，使“仁”成为评估“礼”的价值的根基②。大体而言，对徐复观来说，“礼”是实现“仁”这种理想精神生活的规则，“仁”乃是判断和修正某种行为是否合乎“礼”的根据，也是修正乃至废弃作为某种“礼”的规则的标准。

信广来认为，《论语》中有两种言说按照一定的解释可以用以支持这种观点：一是“礼”对“仁”具有“工具性”：

> 人而不仁如礼何！（《论语·八佾》）
>
> 能以礼让为国乎，何有？不能以礼让为国，如礼何？（《论语·里仁》）

二是“礼”能够按照某种标准得到修正乃至舍弃：

> 麻冕，礼也，今也纯，俭，吾从众。拜下，礼也，今拜乎上，泰也。虽违众，吾从下。（《论语·子罕》）
>
> 礼，与其奢也宁俭；丧，与其易也宁戚。（《论语·八佾》）

---

① 信广来：《〈论语〉中的仁与礼》，《道德哲学与儒家传统》，华东师范大学出版社 2010 年版，第 160~177 页。

② 徐复观：《中国人性论史·先秦篇》，上海三联书店 2001 年版，第 80~89 页。

对徐复观来说，判定与修正“礼”的根本“标准”是“仁”。信广来认为，与这种观点相对，蔡尚思等学者的观点接近其所谓“界定主义”的解释。蔡尚思认为，“礼”是孔子道德理论中核心的概念，“礼”使得人类与其他动物区别开来。“守礼”是判定仁与不仁的标准。[①] 这种“界定主义”甚至认为，孔子的“仁”就是遵循他所处时代的中国社会的“礼”的规则。信广来认为，《论语》中也有足以支持这种观点的言论，如，孔子答颜渊问仁说，“克己复礼为仁”，并以非礼勿视、勿听、勿言、勿动加以指导。按照界定主义的理解，孔子即是以遵守生活中各方面的礼仪来界定其所谓“仁”。

总的来说，信广来认为，这两种观点，一种以“仁”为优先，以礼行仁，对“礼”的理解是一种工具主义的模式，另一种以“礼”为主导，以仁行礼，对“礼”的理解是一种界定主义的模式。不过，信广来在解释上述两种立场之后也提出了自己的解释，近似于那种所谓“仁礼并重”的立场。他的解释综合了工具主义与界定主义的理解：一方面，“仁”是一种理想，这种理想是通过现实的习俗塑造出来的，不能离开“礼”单独实现；另一方面，“仁”不是完全由“礼”决定的，因为依据“仁”能够修正“礼”[②]。

无论是徐复观、蔡尚思还是信广来，都不曾将“仁”与“礼”绝对分开，也不曾将二者完全混淆。徐复观将“礼”作为实现“仁”的手段，并以“仁”界定和判断“礼”，既注意到了二者的区分，也注意到了二者的统一；蔡尚思也是如此，他甚至直接说孔子“以礼为仁”。冯友兰与钱穆的观点也都是在这种一而二、二而一的关系中理解“仁”

---

① 蔡尚思：《孔子思想体系》，上海人民出版社1982年版，第107、240页。

② 信广来：《〈论语〉中的仁与礼》，《道德哲学与儒家传统》，华东师范大学出版社2010年版，第160~177页。

与“礼”的关系。虽然钱穆和冯友兰都认为二者不是等同的，但他们都认为，二者是内心情感和外在礼文的统一。钱穆说，“内心之情感，外部之礼文，在孔子实认其为一事，而无所轩轾。故孔子之言礼，犹其言仁也”[①]。冯友兰说，孔子有时用“仁”规定“礼”，有时用“礼”规定“仁”。在孔子的思想中，完全的道德是“礼”与“仁”的统一，完全的人格是这种统一的体现。因为没有节制的真情实感，严格地说，不能称其为“仁”；真正的礼，也不可能是没有真情实感的外在形式。[②]虽然这些学者都认同“仁”与“礼”二而一、一而二的紧密关系，但是他们理解孔子的方式与立场各不相同。

信广来以其所谓的“工具主义”与“界定主义”来区分徐复观与蔡尚思等学者的观点，正如他自己所说，本是一种诠释策略，用以突出孔子思想中看似矛盾的成分，并作为他自己的解释的背景。不过，这种策略指出了当代学界的两种大体取向，点明了理解模式的问题。

严格地说，以“工具主义”与“界定主义”理解徐复观与蔡尚思的观点并不适当。按照信广来的界定，所谓“工具主义”，就其本身的意义来说，预设了工具与目的或理想的模式。就此而言，徐复观与蔡尚思都采用了深浅不同的“工具主义”理解。按照信广来的理解，徐复观以“仁”为孔子“发现”的“理想精神生活”，而以“礼”为实现这种“理想”的类似手段的东西。[③]蔡尚思也采取了一种目的论的模式，但与徐复观不同的是，他采用的是一种功利主义的目的论模式，而不是方式与理想的目的论。他认为，复兴周礼是孔子的目的，“仁”只

① 钱穆：《四书释义》，《钱宾四先生全集》（第2卷），（台北）联经出版事业公司2009年版，第105页。

② 冯友兰：《中国哲学史新编》，人民出版社1998年版，第164~165页。

③ 信广来：《〈论语〉中的仁与礼》，《道德哲学与儒家传统》，华东师范大学出版社2010年版，第164~165页。

是复兴周礼的手段。他指出，“当孔子把礼仁合一而论时，实质上是以礼为仁，纳仁入礼，礼为目的，仁为手段”①。因此，在一定意义上，徐复观与蔡尚思其实都采取了近似“工具主义”的理解方式，只是前者以“仁”为理想，后者以“礼”为目的，前者是一种理想主义，后者是一种功利主义。另外，所谓“界定主义”，则是预设了定义项与被定义项的模式。信广来的意思本来是，这种解释以“礼”界定“仁”；其实，同样可以说，徐复观是以“仁”界定“礼”。信广来之所以以徐复观等学者的倾向为“工具主义”，以蔡尚思等人的观点为“界定主义”，恐怕是因为，他对“仁”与“礼”的理解，重心仍然是落在“仁”上。就理想或目的与手段的模式而言，“仁”是理想；就定义项与被定义项的模式而言，“仁”是被定义项。按照信广来的理解模式，他们都试图利用普遍定义的模式理解孔子各种有关“仁”与“礼”的言说，都在某种目的与手段的模式中理解孔子所谓“仁”与“礼”的关系。

普遍定义的方式是现代学界理解概念的惯例，以这种方式理解“仁”与“礼”的关系符合这种惯例。目的与手段的模式则是现代学界理解人的问题的惯例，对“仁”与“礼”的理解自然也不例外。有的学者，如梁家荣，甚至将这种模式与生物学和社会学领域的达尔文进化理论联系起来。梁家荣在“重估”孔子所谓“礼”的现代价值的时候，遵循这种目的与手段的模式，对孔子的“礼”的所谓价值和功效加以评判和贬低。② 许多当代学者以现代价值肯定孔子的“礼”的价值，在方法上可能与此并无二致。

---

① 蔡尚思：《孔子思想体系》，上海人民出版社 1982 年版，第 240 页。

② 梁家荣：《仁礼之辨——孔子之道的再释与重估》，北京大学出版社 2010 年版，第 205、234 页。

正如信广来所说，这些理解都有自己的文本依据，也符合某种现代的认识或理解原则。但如果以固定的模式整理孔子的言说，并由此认定孔子的言说表达的就是这种模式的观点，而没有反思并尊重孔子可能有其本有的思想方式这一事实，即便有再充足的文献依据，对孔子也可能是误解。蔡尚思以功利主义的目的论为孔子理解“礼”的方式，明显地犯了这种错误。当代许多学者依据这些方法，固然并未像蔡尚思那样得出某种简单而单一的结论，但是这些方法即便并不错误，却也可能限定了理解孔子思想的方式，限定了对孔子思想本有方式的理解。这些现代的方式本身是否正当是一回事，它们是否可以代替或取消按照孔子自己的方式理解他的可能性却是另一个问题。如果不加考察地运用这些方法，没能够反思，则各种普遍主义与工具主义的理解，即便在许多领域有其自身的正当性，但将它们作为孔子的“仁”与“礼”关系本有的模式，却可能会是一种混淆。

## 二、孔子的“仁”与“礼”

《论语》所记，孔子同时论及“仁”与“礼”的仅有五处。对作为“全德”的“仁”与意义广泛的“礼”来说，仅仅由此理解二者的意义关联，可能并不充足。但这五段言说却简明而完备地体现了“仁”与“礼”之间的基本秩序。在先秦的思想背景与儒学的精神传统之中，它们都有着丰富而深刻的意义，不能仅仅作为抽象的概念，更不能简单地以目的与手段的模式或某种普遍主义的原则加以限定。在孔子的思想与言说情境中，它们之间的那种秩序意味着，孔子对礼乐文化传统及其精神的理解与深化有其独特的思想与实践的方式和立场。

“仁”的德行被视为“礼”的根本，这是传统思想较为一贯的理解。但是这一理解在现代受到诸多挑战。许多学者将“仁”与“礼”解读为逻辑概念，并以逻辑规则为模式而认定，对孔子来说，“仁”只是“礼”的必要条件。[①] 如果由此简单地在“仁”重要还是“礼”重要之间分辨是非，容易掩盖孔子概念中本有的意义和秩序。

孔子说：

> 人而不仁，如礼何？人而不仁，如乐何？（《论语·八佾》）

包咸曰：“言人而不仁，必不能行礼乐。”[②] 人如果不仁，必然不能够行礼乐。春秋时期，天下昏乱，而礼乐的形态极其广泛，但凡玉帛、钟鼓、仪式、典章、制度、刑罚、政事都有“礼”的意义，如何能够说不仁之人必然不能行礼乐呢？现代有些学者甚至通过考古发现，说明春秋时代的礼乐器物在质量和数量上都比前代更加丰富多样，春秋时代并无所谓礼崩乐坏。[③] 孔子自己也说到礼乐征伐自诸侯、大夫、陪臣出的情况。他们无道不仁，其所行仍然是所谓“礼乐”；“三家者以雍彻”“季氏八佾舞于庭”，所行都是所谓“礼乐”。但是孔子也说，“礼云礼云，玉帛云乎哉？乐云乐云，钟鼓云乎哉？”（《论语·阳货》）通常所谓的礼乐，只有礼乐的外在形态，并不符合礼乐当有的内在精神，并非完整意义的“礼”。因此，有必要区分礼的不同意义，即礼乐的外在形态与礼文、礼义合一的礼乐，后者是具有正当性意义的“礼”。对徒具外在形态的礼乐来说，不仁之人也能施行，并且通常都是不仁之人在施

---

① 梁家荣：《仁礼之辨——孔子之道的再释与重估》，北京大学出版社 2010 年版，第 33~39 页。

② 邢昺：《论语注疏》，北京大学出版社 2000 年版，第 32 页。

③ 晁福林：“春秋时期礼的发展与社会观念的变迁”，《北京师范大学学报》，1994（4）；杨文胜：“春秋时代‘礼崩乐坏’了吗”，《史学月刊》，2003（9），第 25~31 页。

行。对这种意义的“礼”，“仁”既不是所谓充分条件，也不是所谓必要条件。所以，孔子此处所谓“礼”，只能是具有正当性意义的“礼”。

只有仁人才能辨识礼的正当与否，只有仁人才能按照正当的“礼”行事，并且避免按照不正当的“礼”或者“非礼”行事。邢昺解释说，“此章言礼乐资仁而行也”“言人而不仁，奈此礼乐何？谓必不能行礼乐也”。[①] 邢昺的解释，按照必要条件与充分条件的定义来说，确实是将孔子所说的必要条件过度地转化成了充分必要条件。但孔子的语言，即便不能违背逻辑原则，他自己理解的方式也不能够简化为逻辑原则。朱子注说，“然记者序此于八佾雍彻之后，疑其为僭礼乐者发也”[②]。孔子的言说首先具有的是修辞的情境，修辞是言说的实践，而不是逻辑的论证。朱注所谓“为僭礼乐者发”，是说孔子所谓不仁者不能行礼乐，不是强调“仁”是“礼”的必要条件，而是以之批评僭礼者的不仁。孔子强调的不是“仁”与“礼”两个概念之间的意义。对孔子来说，“仁”是人的德行，而不只是抽象的概念或外在的原则形态。“仁”存在于人的身上，人才能够行礼，仁人才能够正当地行礼。因此，在理解孔子的“仁”与“礼”的时候，需要区分作为外在形态的“礼”与正当意义的“礼”，也需要区分抽象概念的“仁”与作为人的德行的“仁”。虽然两个层面的意义孔子都有涉及，但是对孔子来说，后者无疑更符合其言说的根本情境。总而言之，孔子上述言说强调的是，作为德行的“仁”是正当意义的“礼”的根基，只有仁者才会正当地知礼，正当地行礼。

仁者不仅能够正当地理解和践行“礼”，也必须正当地理解和践行“礼”，这是道德实践的要求，而不是逻辑的前提。这并不意味着“礼”

---

① 邢昺：《论语注疏》，北京大学出版社 2000 年版，第 32 页。

② 朱熹：《四书章句集注》，凤凰出版传媒集团 2008 年版，第 59 页。

是“仁”的充分条件或者必要条件。无论“礼”与“仁”之间的关系可以理解为某种充分或必要条件，还是不可以如此理解，都无关要旨。仁者行礼，并非因为这是逻辑的必要或者充分，而是因为这是道德的要求。道德的要求，即便现实不允许，也无关其普遍性；而所谓逻辑的命题，如果有例外，显然不能作为规则。

“仁”作为人的德行与正当性的“礼”之间的关系的要旨，在于仁者在何种意义上理解与实践“礼”。这在孔子强调“礼”的重要性的言说中尤为明显。孔子说，

> 知及之，仁不能守之；虽得之，必失之。知及之，仁能守之。不庄以莅之，则民不敬。知及之，仁能守之，庄以莅之。动之不以礼，未善也。（《论语·卫灵公》）

此处所谓“之”，历代注疏多有分歧，有以之为官位，有以之为民，朱子以之为“理”。朱子虽然以“之”为“理”，但对于“仁”“礼”之类，他也是做实践的德行与节文理解。[①] 无论做何解释，主语应该是有德而得位之人。邢昺引李充云：“夫知及以得，其失也荡；仁守以静，其失也宽；庄莅以威，其失也猛，故必须礼然后和之。以礼制知，则精而不荡；以礼辅仁，则温而不宽；以礼御庄，则威而不猛，故安上治民，莫善于礼”[②]。“知”“仁”“庄”，作为在位者的德行，都有其得，也可能有其失，唯有以“礼”加以规范，才能够达到完善。不过，“知”与“仁”并未提及民的反应，也未提及达成的结果。因此，相对“庄”与“礼”，它们有更多个体德行与成就的意味。有德能够居位，

① 朱熹：《四书章句集注》，凤凰出版传媒集团 2008 年版，第 163 页。

② 邢昺：《论语注疏》，北京大学出版社 2000 年版，第 246 页。

但要能够治民，需要“庄”的精神与“礼”的规范。因此，这里的“礼”应当首先是与治民有关的“礼”，即典章制度意义的“礼”。在这一言说之中，“知”“仁”在某些情况下是可以与治民或者典章制度层面的“礼”没有直接关系的，在没有典章制度之类的“礼”的直接规定的情况下，个体仍然能够成就“仁”某些方面的德行。

“仁”首先是个体的德行，体现为成己的德行。在此意义上，个体的成德并非与“礼”无关，而是与政事与制度之“礼”并不直接相关。不过，在宽泛的意义上，正己与治民都是修身为己的活动，朱子即是将“知”“仁”“庄”“礼”都解释为为己的事情。朱子说：

> 学至于仁，则善有诸己而大本立矣。莅之不庄，动之不以礼，乃其气禀学问之小疵，然亦非尽善之道也。故夫子历言之，使知德愈全则责愈备，不可以为小节而忽之也。

以“仁”为成己的大本，“仁”之大本一旦确立，“礼”之仪节即便不能仅仅视为小节，也并非成仁的本质性原则，而为仁者力求完善，“礼”之仪节自然不能忽视。朱子的解释强调“仁”作为“大本”的意义，虽然其所谓大本，与孔子相比，多了心性论的预设，但是这种以“仁”为“大本”的理解，比以“仁”为普遍原则或者某种目的或手段的理解更加接近孔子的思想方式。《论语·雍也》记载：

> 子贡曰：“如有博施于民而能济众，何如？可谓仁乎？”子曰：“何事于仁，必也圣乎！尧舜其犹病诸！夫仁者，己欲立而立人，己欲达而达人。能近取譬，可谓仁之方也已。”

“仁”的基本体现不是单一的为己、成己，“己欲立而立人，己欲达而达人”，意味着仁者需要与他人发生关系。当然，如此发生关系的前提仍然是能够正己，否则，自己不正，其欲自然也不正，由其立人达人，自然也会使得他人不正。成己与成人、成物之间毕竟要有个本末先后的道德实践次序，而不是纯粹原则性的逻辑条件关系。认同与尊重他者的存在并不是一种理论的预设或者逻辑的前提，而是一种道德实践的要求。

仁者推己及人，以至于博施济众，也不是出自规定人的行为的某种理想或者目的。如果不能博施济众，并不妨碍其为仁，尧舜没有绝对做到这一点，他们仍然是“圣”。君子能够做到“己欲立而立人，己欲达而达人”，即便做不到博施济众，也不妨碍其为“仁”。但是，“博施济众”又是仁之推己及人的极大扩展，只是“博施济众”不是势在必得的理想与目的，而仍然是为仁的道德要求，尽管“仁”之为“仁”并不一定要能够实践“博施济众”。以“仁”为理想，或者以复兴周礼为理想，而以“仁”为方式和手段，都不足以理解孔子这种以“仁”为“大本”的思想与实践方式。换言之，要能成人，要能博施济众，必须“动之以礼”，否则都是“未善”。

“礼”并不只是仁者成人的道德要求，它更是仁者成己的道德要求。在成己成人这一道德实践的本末次序中，“礼”对成己的意义比对成人的意义更为重要。孔子说，

> 克己复礼为仁。一日克己复礼，天下归仁焉。为仁由己，而由人乎哉？（《论语·颜渊》）

后世学者对其中字句的训释多种多样。要之，孔子强调的“克己复礼”

即是“仁”，并且是强调由己而不是由人。蔡尚思、何炳棣等认为，此处所谓“礼”乃是周礼，即宗法等级制度。[①] 如果将“动之以礼”的“礼”理解为宗法等级制度，可能更加合适，因为那是就治民的政治问题而言。但是，此处颜渊以“正己”回答，显然强调的首先是成己之“礼”，即便涉及周礼，也是首先就其中与成己相关的形态及其意义来说的。孔子所谓“克己复礼”的主体是其主语所指的自我，而不仅是宾语所指的自己，这是自我成己的事情。这里讲的是自己按照礼的要求克制自己，由此成就“仁”的德行，不是别人按照礼的规范克制他们自己，也不是别人按照礼的规范克制我们自己。相对肆无忌惮来说，这确实是一种消极的克制，但是对成仁的修己工夫来说，它是积极的自我成就。

何炳棣将“克己复礼”解释为克制自己的欲望，反对以之为修身的方式。[②] 何炳棣等人认为这种克制是消极的压制，在现代语境下意味着，礼法规定需要克制的那些欲望是不应该被克制的正当欲望，因此这种克制是一种压制[③]，如果没有这种预设，便不能说所谓克制为消极的压制。但至少对孔子与颜回来说，礼所成就的德行比被压制的欲望更加正当。何炳棣强调压制的意义在现代是预设了一种与此不同的正当性。对孔子和颜回来说，为己所成就的“仁”德，首先不在于齐家、治国、平天下等理想的实现，也不在于复兴周礼的使命的完成，而在于按照正当的“礼”安立家国天下中的自我，达到孔子自己体会到的“从心所

---

① 何炳棣：“‘克己复礼’真诠——当代新儒家杜维明治学方法的初步检讨”，《二十一世纪》双月刊，1991年12月号，总第八期，第139~146页。

② 何炳棣：“‘克己复礼’真诠——当代新儒家杜维明治学方法的初步检讨”，《二十一世纪》双月刊，1991年12月号，总第八期，第139~146页。

③ 何炳棣：“‘克己复礼’真诠——当代新儒家杜维明治学方法的初步检讨”，《二十一世纪》双月刊，1991年12月号，总第八期，第139~146页。

欲不逾矩”。即便孔子所谓“克己复礼”按照现代的标准确实造成了消极克制的后果，但孔子“克己复礼为仁”的思想，首先强调的是自我的成就，而不是自我的损害。即使孔子理解的“礼”，按照某种正当的标准判断，本来是不正当的，但是对孔子和颜回来说，他们试图通过自己有限的理解而实现的，是自我道德的成就。正是在此意义上，“克己复礼”成就的仁德不仅是齐家、治国、平天下的道德实践的根本，也是理解和实践“礼”的正当性的根本。只有以这种“克己复礼”的精神为本，才能以一种自我成就的“仁”的精神去关心真正的正当的“礼”，努力践行正当的“礼”。

由成己而成人是道德实践的本末次序，但就道德基础上的成就而言，成人乃至博施济众才能成就更高。道德实践的本末次序与道德成就的高低并不等同。成圣是最高的道德成就，需要能够推己及人以达到“博施济众”；成仁是道德实践的大本，有成己而成物的道德要求。成圣是成仁的道德要求，成仁是成圣的基础。

对家国天下的关怀，如果没有了为仁的大本的话，是缺少道德根基的。《论语·阳货》记载：

> 宰我问：“三年之丧，期已久矣。君子三年不为礼，礼必坏；三年不为乐，乐必崩。旧谷既没，新谷既升，钻燧改火，期可已矣。”子曰：“食夫稻，衣夫锦，于女安乎？”曰：“安。”“女安则为之！夫君子之居丧，食旨不甘，闻乐不乐，居处不安，故不为也。今女安，则为之！”宰我出。子曰：“予之不仁也！子生三年，然后免于父母之怀。夫三年之丧，天下之通丧也。予也，有三年之爱于其父母乎？”

宰我忧虑三年之丧可能导致礼崩乐坏，与现代许多担忧文明沦落的人一样。邢昺解释宰我的话说，“言礼检人迹，乐和人心，君子不可斯须去身。推在丧则皆不为也。不为既久，故礼坏而乐崩也”①。按照这种理解，丧葬期间，按照礼制，许多事情都不能做，三年之丧这一要求将持续三年，不能歌乐，不能从政，礼乐的许多事务都将废弛。宰我的考虑不能一定说他没有复兴礼乐的忧患意识。墨子以为天下兴利除害为目的与标准，更为激烈地批评“三年之丧”的礼制，他甚至说，如果按照厚葬久丧的方式，“国家必贫，人民必寡，刑政必乱”（《墨子·节葬下》）。孔子应该不是没有意识到，三年之丧并非是一定有什么现实功效的礼制，可能无益于为天下谋任何一般意义的福利。但是孔子对宰我的回答，并不以此为意。他关心的是三年之丧对成仁的意义。

孔子所说的“仁之方”，是“己欲立而立人，己欲达而达人”，“己所不欲，勿施于人”（《论语·雍也》）。对与自己本无关联的他人都应如此，对生养了自己的父母更当如此。人生世间，无不求生而免死，欲荣而免困。对生命来说，死亡是极大的患难，他们去向不可知的世界，幽眇无迹，后人如果将他们彻底遗忘，他们在这个世界便可能毫无痕迹，那将是极大的遗憾。朱子解释孔子对宰我的批评说，“由其不仁，故爱亲之薄如此”。死亡，对任何人都是痛苦的事情。这是每个身为子孙的人都能够感同身受的事情。爱敬父母，守三年之丧，随着父母体会这一痛苦，是子孙对父母的患难与苦痛的关怀。子孙推己及亲，以典正的仪式对待父母去世，因此是最根本的为仁。

即便三年之丧这一礼制可能对他人、对家国天下没有任何现实的效果，它的意义首先也在于，它是天下人都能够成己为仁的道德诉求的体

---

① 邢昺：《论语注疏》，北京大学出版社 2000 年版，第 275 页。

现。《礼记·中庸》记孔子述周公制此礼推行天下曰：

> 三年之丧，达乎天子；父母之丧，无贵贱，一也。

朱子解释说，

> 父母之丧，上下同之，推己以及人也。

三年之丧本身是对父母体现推己及人之仁，周公推行三年之丧的礼制，也是将成仁的精神推己及人，希望天下人都能够通过致孝于自己的父母而成己安仁。按照“仁”的道德要求，推己及人，与人发生关系是自我成就的需要；同时，每个个体都是能够为己的主体，都有与人发生关系以成就自己的道德需要。根据这一原则，可以说，对每个个体来说，这都是为己的道德需要，而不是外在的要求。当家、国、天下成为人之为己意义的自然扩展，“礼”便成为家、国、天下自成的方式。“礼”不仅是个体修身的方式，也不仅是人君治民的方式，而是每个能够以成己为本的自主的个体、家、国及其成员，以成己的意义相互发生关系的方式。因此，“礼”虽然是成人的重要方式，但是天下共有的礼制首先不是实现博施济众的理想工具，而是让大家都能够各自成仁并相成的依据。

天下共同的“礼”是个体、家、国、天下各自为己成仁共通的依据。对个体、家、国来说，它是成仁的方式，对天下来说，它是共同成仁的方式。“礼”不能由主体一己决定，却需要每个个体都能够主动地担当理解和决定的责任。个体仅仅有一己的德行，不能决定礼的是非，个体必须参与和担当共同的“礼”。

孔子说，

> 恭而无礼则劳，慎而无礼则葸，勇而无礼则乱，直而无礼则绞。君子笃于亲，则民兴于仁；故旧不遗，则民不偷。（《论语·泰伯》）

恭敬、谨慎、勇敢、直率等都是孔子非常强调的德行。作为德行，它们本身自然都是好的，但是一己的德行如果过度，也会成为不好的事情。例如，恭敬过度，则使自己以及他人徒然劳累，反倒变成不恭。《孟子·万章下》记载，鲁穆公为了表达对子思的敬意，“亟馈鼎肉”，使得子思不得不疲于还礼，子思因此不悦，说鲁穆公“犬马蓄伋”，如同对待犬马一样对待自己。因此，即便自己的用意良善，也需要按照自己与他人能够相互成就的共同的方式行事。《礼记·檀弓上》记载：

> 子路有姊之丧，可以除之矣，而弗除也，孔子曰：“何弗除也？”子路曰：“吾寡兄弟而弗忍也。”孔子曰：“先王制礼，行道之人皆弗忍也。”子路闻之，遂除之。

子路为姐姐服丧，丧期已过，子路姐弟情深，仍然哀痛，不忍去丧。虽然他有不忍的爱亲之心，但是孔子认为，礼是先王所制之礼，是天下共同的礼，虽然有许多人在这一期限过后仍然哀痛，但也需要按礼行事。子路的“不忍”与宰我的“能安”，一者过度，一者不及。“礼”是天下的共法，是能够使大家共同成就的依据，不能私自任意取舍。

孔子并不是说某一礼制一定是正确的，对他来说，重要的是，需要尊重那些让人们共同成就的规范，自己的立场终究有限，重要的不是证明自己的德行，重要的是正当地成就自己。《说苑·建本》记载了孔子与子路的一段对话，即便不一定是史实，但在道理上却可资参照。其中即强调了“礼”作为共同成就的方式对人的意义，强调不能按照一己的德行过度变“礼”：

> 子路问于孔子曰：“请释古之学而行由之意，可乎?”孔子曰：“不可，昔者东夷慕诸夏之义，有女，其夫死，为之内私婿，终身不嫁，不嫁则不嫁矣，然非贞节之义也；苍梧之弟，娶妻而美好，请与兄易，忠则忠矣，然非礼也。今子欲释古之学而行子之意，庸知子用非为是，用是为非乎！不顺其初，虽欲悔之，难哉！”

子路问是否可以按照自己的判断行事，不必学习往古的前例，孔子认为不能如此。孔子不是说子路自己德行不够，而是只有达到了更高的德行境界，才能够按照自己的判断来，因此首先需要学习。孔子注重的不是个体一己的修身，无论这一修身境界有多高。他举了贞洁与忠实两组例证，一女子因为严守贞洁，丈夫死后终身不嫁，一男子因为对兄忠信，娶了美妻，与兄交换。孔子据此说明，贞洁与忠实虽然本是良善的德行，但是如果不能够尊重共通的规则，仍然可以说是非礼。根据这一记述，孔子并不是说故有的“礼”一定正确，改变“礼”一定错误，而是说，人并不是在单独修身，单独行事，人行事的时候不能仅仅以一己的特质确立“礼”的规则，需要尊重和参照别人可以接受的方式。人之所以要学习外界与历史上的“礼”，是因为一个人要与他人、前人和后人一同成就自己。自己成就自己的方式，也是有助于他人成就自己的方式，那么这种方式便是“礼”。简言之，“礼”是仁者成就自己同时也成就他人的方式。

“礼”是个体、家、国、天下共通的自我规定，是个体、家、国能够通过相互成就对方而成就自己的方式。它是个体为己成德的方式，但通过成就自己成就他人是个体成德的道德要求。因此，“礼”是为己与成人达到统一的方式。可见，“礼”作为成己而成人的方式，体现了“仁”的两个基本面向，即体现了“忠”与“恕”、“爱”与“敬”、“亲亲”与“尊尊”、“大同”与“大公”两个面向的道德精神。由于仁与礼二者之间的关系不是处于逻辑或因果、目的与手段的关系层面，而是有德者与道德实践的关系，孔子自然不会简单地用“忠恕”一贯之道从概念上将“爱”与“敬”、“亲亲”与“尊尊”、“大同”与“大公”加以统一或者普遍化，也不能将“大同”与“大公”作为单一的最高理想，不能以“忠恕”等其他精神作为其阶段性表现甚至手段。与此相应，孔子以仁礼关注的言行等层面的正当性问题便不能仅仅以概念化或者目的化的方式进行理解、鉴别和决断，而是需要有自身不同的方式。

## 第二节　“克己复礼为仁”的精神

### 一、正当性的危机与孔子的忧患

春秋时期，如何正当地理解“礼”开始成为重要的问题。许多贤达开始了如何理解“礼”等问题的论争。西周礼乐文化重视祭祀等典礼仪式的道德与政治功能，“礼”的道德与政治意义与其仪式等意义本不冲突。但在春秋时期，礼仪之辨等论争出现，这是“礼”的各种因素之间出现分裂的反映，也引发了人们对如何正当地理解“礼”这一问题的关注。

孔子虽然同意叔向等保守的思想家对礼仪的维护，但他也认同子产等革新的思想家对礼制的权衡。在叔向与子产的交锋中，叔向已经提出了革新礼制的正当性问题，只是他还未意识到，他对传统的维护本身也需要有正当性的反思。至少相对而言，首要的问题是，人们如何正当地理解和规定“礼”，这一问题的解答是有关“礼”的任何理解与因革的基础。这一问题的存在是“礼”的正当性危机的标志。对孔子来说，这一问题尤为明显。孔子的“仁礼”思想与这一问题有着本质的关联。

孔子面对的问题，具体来说，有他自己对“礼”的维护与规范是否符合他在其所尊奉的宗法等级制度中的身份，是否符合他在周礼确立的天人民神秩序中的位置。孔子一生仕途波折，官位至高仅为鲁国的大司寇。孔子自己说过，“天下有道，则礼乐征伐自天子出”，“天下有道，则庶人不议”。

后世对此做出的各种解释往往采取一种融通的策略，取消了孔子的这一判断可能对孔子自己带来的问题。因为，孔子议论的郊社等礼是整个天下的事情，是“天子之事”。他批评鲁国行天子之礼乐为非礼，三家行天子诸侯之礼乐为非礼，他以《春秋》拨乱反正，使“乱臣贼子惧”，但他仅仅曾经位居鲁国的大夫，他对天下邦国大礼进行评判，本身需要面对正当性的考察。另一方面，孔子是殷商的后代，其先祖由宋国迁徙到鲁国，至孔子不过数代而已，他自己也说，“丘也，殷人也”（《礼记·檀弓》）。孔子说，“不在其位，不谋其政”，“非其鬼而祭之，谄也”。孔子一生行事却是为东周传道斯文，并且礼从周制。按照周礼的宗法等级制度，祭祀等王朝邦国大典只有同姓甚至大宗才能传承。孔子身为异姓与前王之后，他传道周代礼乐传统的努力在多大程度上或者何种意义上正当，对他本人来说是需要注意的问题。

因此，上下秩序与宗法制度使得孔子传承礼乐文化的努力即便不陷入复杂的困境之中，也要面对正当性的审核。孔子是否有正当的名分，他可否正当地规范名分等级秩序严格的宗法等级制度，可能是可以按照某种具体方式解决的问题。但是，这些问题的存在本身便说明，孔子自己的判断与抉择需要面对正当性的问题。

不仅在宗法等级秩序之中，孔子面临着如何定位和规范自己言行的问题，在祭祀等仪式、天人、民神的秩序之中更是如此。在天人、民神的秩序中，孔子面对的问题是，对在上的天，代表整个世界的天，孔子如何能够确定自身的位置，如何能够正当地确定自己在人与上天的秩序中的位置；对在先的神，代表人类历史的神，孔子如何定位自身的身份，如何能够正当地确定自己在人与先祖关系中的位置。西周以来，在天人、民神与上下、长幼同构的意义上，这是同一个问题。在新的民神杂糅的时代，这一问题尤其显著。这个时代是在一种新的意义上出现“家为巫史”的时代，人人都认为自己对民与神、对天与人拥有或者不拥有正当与不正当的意见与立场。孔子如何能够使得自己对“礼”与礼乐文化的传承与深化拥有正当性，如何在有关“礼”与传统文化的各种意见和立场的纷争及无序中确立自己正当的位置，这是正当性危机最为典型的体现。

后世对孔子面临的这类问题做出了诸多阐发、辨析和应对。思想史中有关这一问题的叙述有：孟子提出了“天爵”的观念，将德的权威推尊于长幼与贵贱之外，并将仁礼的正当性奠定于心性（《孟子·告子上》）；汉代董仲舒等有素王之说，认为孔子受天命而为万世立法（《汉书·董仲舒传》）；宋代程朱等有圣人心传之说，认为孔子传承了尧舜以来的道统（《四书章句集注·中庸章句序》）；清代章学诚等有先王政典之说，认为孔子述而不作，典章制度的合法性来自先王（《文史通义・易教上》)。传统的这些解释可能具有正当的根基，甚至可能比孔子本人更好地解决了上述问题。但是它们可能过于理所当然地肯定孔子的正当性，低估了孔子的忧患意识。现代学者对此也有各种解答。有的以普遍主义的原则认为，孔子的“仁”为“礼”奠定了普遍理论的根基，有的视人文主义为一种正当的精神，认为孔子发展了人文主义精神，有的则认为孔子代表着独特的中国传统思想，甚至以某种民族主义作为为孔子辩护的根基。这些解释往往又低估了孔子立场的正当性，力图以西方的某种理论或者某种精神为孔子辩护，或无法理解其正当性，径直以信仰的方式肯定它的正当。

难以简单地否认传统与现代的这些解释，它们可能各有其正当的精神与原则。但是就理解孔子而言，这些理论仍然是对孔子忧患意识的正视。朱子说：

> “知我者其惟春秋乎！罪我者其惟春秋乎!”又《公羊》《谷梁传》云：“其辞，则丘有罪焉耳。”这是多少担负！(《朱子语类・卷三十四》)

朱子虽然可能将孔子的这一意识限定于《春秋》，但其实可以在更为深广的意义上理解孔子的忧患意识。注意到孔子自己对这一问题的关注与忧患，才能更为本然地按照他自己的立场和方式理解他的思想。即便并不认同他的解答，也不能外在地陈述他提出了某种解答，而不对他提出这种解答的方式与立场在原则层面做更为同情的理解。

由于“礼”的正当性危机，对孔子来说，首先是自己是否以及如何能够正当地理解“礼”的问题。因此，孔子“克己复礼为仁”的思想是探讨这一问题无可替代的焦点。

## 二、"克己复礼为仁"的问题意识

礼乐传统所谓"礼"，不仅包括外在形态，也包括内在精神，甚至是德行观念。通常，"礼"是外在形态与内在精神的统一。不过，虽然这两个方面都可以在有限的意义上分别被理解为"礼"，但它们单独都不足以成为礼。因为，内在精神与德行观念，如果没有"名物"等外在形态，不可能得到体现和传达；外在形态，如"名物""典礼"之类，如果没有与之相应的"义"，即便得到了保存与传承，也可能是非礼。例如，"子贡欲去告朔之饩羊"，孔子说，"赐也，尔爱其羊，我爱其礼"（《论语·八佾》）。告朔礼虽然已经不行，但孔子仍然希望保持告朔之羊，以期后君能够见其遗迹，而复行其礼，否则，羊废，则告朔之礼近乎全废；"三家者以《雍》彻"，可能是保存和传承了《雍》乐，但是三家按"义"不当行此礼，孔子以之为非礼（《论语·八佾》）。

即便是内在精神与外在形态的统一，如果只是前代或者他者的行为与精神的统一，可能并不关乎论礼者自己有礼还是非礼。纯粹外在形态的"礼"，外在形态与内在精神统一的"礼"，在其有限的范围内都成其为"礼"。但是，没有论礼者自己对"礼"的外在形态的接续，对内在精神的体证，它们并不能够成为真正的"礼"。《礼记·中庸》记载，孔子说：

> 文武之政，布在方策。其人存，则其政举；其人亡，则其政息。

文武之政，有书策的记载，其文其义得到了传递，可以得到后世的理解。如果这一西周礼乐文化的典范政治，后世没有人能够真正践行，即便有方策，即便文义俱存，也不足以成其为“礼”。《礼记·仲尼燕居》记载，孔子说，“制度在礼，文为在礼，行之，其在人乎?”《礼记·礼器》曰：“苟无忠信之人，则礼不虚道。”注重人及其实践对“礼”的成立的作用，是孔子及其后学的一贯思想，并不能仅仅将这种“礼”归结为外在形态、内在精神与人的实践的统一。因为即便如此归结，如果这种三合一仍然是体现在前代与他者身上，它仍然不足以成其为“礼”。“文武之政”，周公礼乐，都曾经为文王、武王、周公、成王实践，可谓外在形态、内在精神与人的典范性结合，但对他人、后人来说，能够传达给他们的只有外在形态及其传达的内在精神，这些并不能够使他人或后人自己有礼；只有自己行礼，礼才真正成其为礼。因此，以“克己复礼”强调人对“礼”的作用可以作为原则，界定意义更为完备的“礼”。

孔子对“仁”最重要的两种解释都是传承前人的观念。《左传·昭公十二年》记载，“仲尼曰：‘古也有志：克己复礼，仁也’”。所以，孔子以“克己复礼”解释“仁”，前人已有先例。《左传·僖公三十三年》记载，臼季说，“吾闻之：‘出门如宾，承事如祭，仁之则也’”。孔子以“出门如见大宾，使民如承大祭”解释“仁”也是前人已有的观念。孔子并未在观念上有所创新。作为德行的“仁”与作为规范的“礼”，实际上是礼乐传统中“礼”的两个基本要素。前贤对他们的理解是这一礼乐传统的重要组成部分。仅仅说孔子的不同在于他传承和发扬了“仁”的观念，固然不错，但这是一种事功的理解，不是他理解“仁”的本质。

前人有关“礼”与“仁”的关系的理解，就其仅为前人的理解而言，只是作为某种传统的“礼”及其观念。《论语·述而》记载：

子曰："若圣与仁，则吾岂敢？抑为之不厌，诲人不倦，则可谓云尔已矣。"公西华曰："正唯弟子不能学也。"

孔子对自己是否"仁""圣"的回应固然是谦辞，但其后的解释则可以理解为他对"仁""圣"的精神的认同与践行。所谓"为之不厌"，即是为己；所谓"诲人不倦"，便是推己及人。前者是"为仁由己"的成仁之道，后者是"修己以安百姓"的成圣之道。"仁"与"礼"的观念，就其为传统及其精神来说，只是"文"而已。在此意义上，即便"克己复礼为仁"之说，也与"出门如宾，承事如祭，仁之则"之说一样，都是前人留下的"文"。如果继承者不能有所辨析、有所践履，它们终究与己无关，仅为空文而已。对孔子来说，需要不断地继承和吸取前人留下的有关"仁"与"礼"的精义，也需要将这些观念自我体证。"古之学者为己"，这是一种成仁的传统，需要推己及人，将这些好的传统与精神传于后人。这都是为己成仁的道德要求。所以孔子说，"学而不厌，诲人不倦，何有于我哉？"正是将学文与诲人理解为为己成仁的事业，并以此自省。孔子正是强调了"礼"的实践的重要性。

不过，不能简单地将"克己复礼为仁"作为理论，应该将其作为"实践"。这一理解固然重要，并且孔子以己教人，确实是推己及人的体现。但是，如果仅仅强调其为实践，可能也属于纯粹教人的范围。虽然它确实是教人的实践，但这样不但不足以说明"克己复礼为仁"的正当性，反倒可能提供了这一观念的反例，如果自己同时没有做到这一点的话。因此，孔子的"克己复礼为仁"，不能仅仅理解为他只是传承与阐发了一种理论，但也不能仅仅理解为孔子言行一致地按照"克己复礼"的精神推己及人、教诲弟子的实践。只有全面而又本然地定位了“克己复礼为仁”的意义，才有可能像孔子一样反思自己对“礼”的理解与实践的正当性。

《论语·颜渊》记载：

> 颜渊问仁。子曰：“克己复礼为仁。一日克己复礼，天下归仁焉。为仁由己，而由人乎哉！”颜渊曰：“请问其目。”子曰：“非礼勿视，非礼勿听，非礼勿言，非礼勿动。”颜渊曰：“回虽不敏，请事斯语矣。”

对“克己复礼”，宋学与清学的解释有所不同。宋学大体是以“天理人欲之辨”为基础，将“克己复礼”理解为克制人欲，恢复天理；清儒则多反对以“天理”解释“礼”，反对将“己”理解为人欲，不过许多清儒也将“克己”理解为修身。邢昺解释说，嗜欲与礼义交战，人在其间做出选择，选择礼义，便为仁。[①] 朱子说，“仁者，本心之全德。克，胜也。己，谓身之私欲也。复，反也。礼者，天理之节文也。为仁者，所以全其心之德也。盖心之全德，莫非天理，而亦不能不坏于人欲。故为仁者必有以胜私欲而复于礼，则事皆天理，而本心之德复全于我矣”[②]。以“仁”为本心之全德，这是朱子对“仁”的基本理解。“天理人欲之辨”是宋儒解释正当性的基本理论，服从天理便是正当，顺从人欲便是不正。这一区分本身只是理论的规定，而天人交战中服从天理，便是修身的功夫。对宋学来说，“克己复礼”的“天人交战”首先是心性的功夫，虽然朱子较为强调节文的作用，但就宋学的主流来说，心性范围的天理人欲问题往往导致实践层面的节文被忽视。宋儒以

① 邢昺：《论语注疏》，北京大学出版社2000年版，第178页。

② 朱熹：《四书章句集注》，凤凰传媒出版集团2008年版，第128页。

“克己”为克制人欲，并将“礼”解释为“天理之节文”，这一观点尤其为清儒所反对。阮元说，“颜子克己，己字即是自己之己，与下文‘为仁由己’相同。若以克己己字解为私欲，则下文‘为仁由己’之己断不能再解为私，与上文辞气不相属矣。”“克者，约也，抑也。己者，自也。何尝有己身私欲重烦战胜之说?”[①] 刘宝楠认为，“颜子曰：‘夫子博我以文，约我以礼’，约如约束之约，约身犹言修身也”[②]。他说，《左传》所引“克己复礼”指楚灵王嗜欲过多，与孔子对颜子引此语意义并不一样，并不是克制嗜欲，而是修身。[③]

虽然有此分歧，但宋儒与清儒多强调“克己复礼”的修身意义。虽然宋儒多将“克己”理解为克制人欲，但克制人欲的主体即是成仁之人，克制自己的人欲即是修身成仁；对许多清儒来说，“克己”的“己”不是人欲，而是为仁之人自己，“克己复礼”不是克制人欲，而是修正自己，成就仁德。二者之间的分歧在“天理人欲之辨”，清儒多反对将礼义或天理与人欲对立，批评宋儒“以理杀人”，宋儒则崇尚一种纯乎天理的德性境界。宋儒与清儒都在不同的意义上延续了对孔子传达的修身为己精神的关注。

在何炳棣与杜维明对“克己复礼”的争论中，何炳棣坚持以《左传》的材料为佐证，认为孔子所谓“克己”乃是压制人的欲望，“复礼”是恢复以宗法等级制度为核心的周礼，孔子试图以“仁”将强制性的“礼”转化为自内而发的道德和精神力量。[④] 匡亚明曾经说：“‘克己’就是克制自己的欲望，恪守周礼，不能越轨。”“克己复礼主要是

① 程树德：《论语集释》，中华书局1990年版，第818页。

② 刘宝楠：《论语正义》，中华书局1990年版，第484页。

③ 刘宝楠：《论语正义》，中华书局1990年版，第484页。

④ 何炳棣：“‘克己复礼’真诠——当代新儒家杜维明治学方法的初步检讨”，《二十一世纪》双月刊，1991年12月号，总第八期，第139~146页。

对统治阶级说的，即要求统治阶级提高遵周礼、行仁政的道德自觉。”[①] 何炳棣同意这种观点，却尤其强调“礼”本来具有的顽强的约制性，反对杜维明将“克己复礼”理解为修身。他引证《左传》证明自己的观点。《左传·昭公十二年》记载：

> 仲尼曰：“古也有志：‘克己复礼，仁也。’信善哉！楚灵王若能如是，岂其辱于乾谿？”[②]

何炳棣指出，《论语·颜渊》章的“克己复礼为仁”是古代谚语，不是孔子创造的观点；孔子借古代谚语指出，楚灵王不能够克制自己的嗜欲，所以招致败亡。何炳棣据此推断，孔子对“克己复礼”的理解只能是这一古语通常的意义，即克服个人的私欲，克制各种僭越无礼的欲望与言行，不能引申出“修身”的意义。[③] 但是刘宝楠已经指出，孔子一处对无度的楚灵王来说这句话，一处对贤德的颜回讲这句话，用意自然不同。[④] 其实，“克己复礼，仁也”既然是古语，已经不再局限于特定的情景，所以可以用于楚灵王与颜回这样完全对立的例证。

但是，何炳棣认为，刘宝楠以“克己”为“约身”，并以“约身犹言修身”，他所谓“约身”仍然是与约束的意思相关，与传统的理解并无不同。不过，刘宝楠所谓“约身”，是就颜回所谓“博我以文，约我以礼”而言，其所约束的不是人欲，而是人众多的选择，过度或者不

---

① 匡亚明：《孔子评传》，齐鲁书社 1985 年版，第 258~259 页。

② 孔颖达：《春秋左传正义》，北京大学出版社 1999 年版，第 308 页。

③ 何炳棣：“‘克己复礼’真诠——当代新儒家杜维明治学方法的初步检讨”，《二十一世纪》双月刊，1991 年 12 月号，总第八期，第 139~146 页。

④ 刘宝楠：《论语正义》，中华书局 1990 年版，第 484 页。

及的选择。清儒有一个比较通行的认识，即是反对以礼义或天理与人欲对立。不仅如此，虽然宋儒也是“克己”做克制人欲解，但他们强调的是人自己对自身内心天理人欲的辩证，发挥决定作用的是自己。因此，即便何炳棣所言，“克己”要做克制人欲解，体现的也是为仁成己的修身功夫。无论是克制自己，压制欲望，还是提升自己，成就德行，“克己复礼为仁”强调的都是为己的精神。

孔子不仅传述了“克己复礼为仁”的古语，也传承了一种悠久的为己的精神。《论语·尧曰》所述圣圣相传的基本精神便可以理解为这种为己的精神。《论语·尧曰》记载：

> 尧曰：“咨！尔舜！天之历数在尔躬。允执其中。四海困穷，天禄永终。”舜亦以命禹。曰：“予小子履，敢用玄牡，敢昭告于皇皇后帝：有罪不敢赦。帝臣不蔽，简在帝心。朕躬有罪，无以万方；万方有罪，罪在朕躬。”周有大赉，善人是富。“虽有周亲，不如仁人。百姓有过，在予一人。”

尧对舜的告诫重点不在说明具体的道理，而首先强调在上者自己的责任，强调舜自己应当以天下与四海的命运作为自己的担当。舜实践了这一精神，并将其传达给了禹；商汤向上帝告祭，即是在上帝面前，发挥了这种自我担当的为己精神，主动承担天下的罪责，无论是天下有罪，还是自己有罪，自己作为天子，都首先承担罪责。

根据《尚书·汤诰》的追述，商汤说：

> 尔有善，朕弗敢蔽；罪当朕躬，弗敢自赦，惟简在上帝之心。其尔万方有罪，在予一人；予一人有罪，无以尔万方。

武王也是传承了这一罪己的精神，以仁的精神为重，将百姓的过失承担在自己的身上。根据《古文尚书·泰誓中》的追述，武王说：

> 虽有周亲，不如仁人。天视自我民视，天听自我民听。百姓有过，在予一人。

这一记述与《左传》的记载大体一致。《左传·庄公十一年》记载：

> 臧文仲曰：“宋其兴乎！禹汤罪己，其兴也悖焉；桀纣罪人，其亡也忽焉。且列国有凶，称孤礼也。言惧而名礼，其庶乎。”既而闻之曰：“公子御说之辞也。”臧孙达曰：“是宜为君，有恤民之心。”

臧文仲认为，夏商的兴亡，根本在于天子是否贯彻了为己的精神。夏商的兴盛，因为开国先王能够对是非规范有自我的担当；夏商的衰败，因为末代君主将是非规范的问题强加于他人身上。《左传·昭公十四年》曰：“尊晋罪己，礼也。”“罪己”被视为一种合礼的德行或精神，这一精神至少从春秋前期开始，便被视为“礼”的重要规范，视为先王重要的精神。罪己体现的为己精神不是强调主体自己决定是否规范，而是强调一个人能够对自己的理解和决断负上自己的责任。“克己复礼为仁”，即是表达了这种自己主动地担当、以礼理解和规范自己德行的精神。

在此意义上，孔子“克己复礼为仁”的思想是对传统礼乐文化核心精神的总结。问题只是，前贤早已表达了这一理解。当然，对孔子来说，这并不只是一个观念而已。孔子在对传统礼乐文化的继承和理解中深化了这一精神，并弘扬了这一精神，推己及人，传承给后世。他不仅继承并传承了前人的精神，也在实践中深化和弘扬了这种精神。结合孔子及其后学理解通过祭祀等礼仪与天人鬼神发生关系的方式可以发现，孔子阐发这一精神的方式和立场更为本真而全面地体现了这一精神。

从现代所谓巫觋文化时代、宗教文化时代一直到礼乐文化时代，为己的精神都被视为共通的核心精神，不能将其还原为某种类型的人文主义。恰恰相反，这种精神的典范正体现在天与人相对、民与神相对的典礼仪式之中。孔子对这一精神的理解与他对典礼仪式的理解一以贯之。

在祭祀等典礼仪式中，参与者通过与在上之天与先祖之神发生神圣的关系，培育和体现了为己之仁精神的两个基本方面。与天与神发生关系的方式可以视为这种精神的先例与典范。《礼记·祭统》曰：

> 是故君子之事君也，必身行之。所不安于上，则不以使下；所恶于下，则不以事上；非诸人，行诸己，非教之道也。是故君子之教也，必由其本，顺之至也，祭其是与？故曰：祭者，教之本也已。

根据《祭统》的这一理解，祭祀典礼体现的正是这种以“身行”体现的为己之仁。祭祀典礼培育的是一种返本的精神，这种返本的精神表现在，有诸己而后求诸人，无诸己而后非诸人，这即是一种仁的精神。

这种精神，周公已经对其基本面向有了初步的表达。《尚书·君奭》记载，周公说：

> “嗣前人，恭明德，在今予小子旦非克有正，迪惟前人光施于我冲子。”又曰：“天不可信，我道惟宁王德延，天不庸释于文王受命。”

对先祖的鬼神，周公强调的是自己承续前人德行的道德要求，但是德行与事业有所成就，也归美于前人，即便事实上德行与事业是自己的成就。前人对后世可能无能为力，如同商王的先祖对商纣的覆灭可能无能为力一样。商王的例证说明，即便有先祖的佑护，也无法确定后世是否能够保全福命。先祖的存在与否，如何存在，对后人来说并非首要的问题。首要的问题是，后人需要认同前人，秉承他们体现的德行，担当他们开启的事业，这是一种体现亲亲精神的反本。对在上的天，周公强调的不是对天的信仰，但是也不能因此将他的立场理解为怀疑主义。无论将天理解为鬼神，还是理解为自然的天，相对来说都不重要。按照他的表述，他强调的是天人之间的距离，人在上天面前，不能认定自己的判断、自己的行为一定能够正当，一定能够如自己的预期，因为天并不会按照人的期望运行。

因此，周公表达的这种精神不必预设鬼神信仰，不必预设人文主义，而是对祖先之鬼神的亲亲，以及对在上之天的尊尊。亲亲的精神，正在于无法确定祖先的鬼神是否存在，无法保证鬼神一定能够给予福佑，但是需要将他们视为自身的根本，反本于先祖，并在实践中体现对家族一体的担当；尊尊的精神，正在于无法确定上天是什么样的存在，无法确定上天运行的法则一定如何，但是需要正视自己相对上天的限度，并在实践中反本于自身，担当自己的选择，尊重上天的规范与作用。

孔子继承了这一思想，并在根本的问题层面确立了它的意义。对先祖的"孝"，对上天的"敬"，对孔子来说，即是面对先祖与上天的不可测、不可信赖而体现的一种返本为己的精神。对先祖的鬼神是否存在这一问题，孔子并不持简单的否定或者肯定，也不是持一种理性主义的不可知论。《礼记 · 檀弓上》记载，孔子说：

> 之死而致死之，不仁而不可为也；之死而致生之，不知而不可为也。是故，竹不成用，瓦不成味，木不成斫，琴瑟张而不平，竽笙备而不和，有钟磬而无簨虡，其曰明器，神明之也。

所谓"之死而致死之，不仁而不可为也"，孔颖达解释说，"谓生者以物往送于死者，而致死之意，谓之无复有知，是不仁之事也，而不可为也"[①]；杨天宇解释说，"前往赠送葬礼而把死者当作无知者，这是缺乏仁心而不可以这样做"[②]。所谓"之死而致生之，不知而不可为也"，孔颖达解释说，"谓以物往送葬者，而虽死犹致生之意，是不知之事，而不可为也"[③]；杨天宇解释说，"前往赠送葬礼而把死者当作有知者，这是缺乏理智而不可以这样做"[④]。对丧祭之礼，如果坚持一种无神论的观点，献祭送葬的时候把鬼神视为不存在，这是对先祖与上天的不仁，也是不亲；如果认定他们与生者一样存在，献祭丧葬的时候把他们当作生者对待，这是对先祖与上天与自己之间距离的不知，也是不敬。

不能将这种不知理解为，自己其实知道他们不在，只是要发挥他们的道德功能而已。因为，既然他们不像生者那样存在，也不能像证明

① 孔颖达：《礼记正义》，北京大学出版社 1999 年版，第 227 页。
② 杨天宇：《礼记译注》，上海古籍出版社 2004 年版，第 84 页。
③ 孔颖达：《礼记正义》，北京大学出版社 1999 年版，第 227 页。
④ 杨天宇：《礼记译注》，上海古籍出版社 2004 年版，第 84 页。

生者缺位那样证明他们从存在的领域缺位，他们是否存在是理智的极限。所以孔颖达说，“不死不生，不可测也”，他们的存在与不存在超出了人类的限度，无法判断和影响，是“不可测”。不可测之谓神，所以，“制明器，以神明求之”①。因此，孔子说，所用的丧祭之器，即有生者所用器具的形态，但也不是生者可用的那些器具，其义在于“神明之”，将其视为“不可测”的存在，即亲近他与人类的关联，但不能像亲近生者那样亲近，又尊重他的不同，比尊重生者更加尊重他的不同。

将这种立场理解为怀疑主义或者不可知论的观念，曾子明确表示过反对。《礼记·檀弓上》记载：

> 仲宪言于曾子曰：“夏后氏用明器，示民无知也；殷人用祭器，示民有知也；周人兼用之，示民疑也。”曾子曰：“其不然乎！其不然乎！夫明器，鬼器也；祭器，人器也；夫古之人，胡为而死其亲乎？”

仲宪对曾子即是表达了那种怀疑主义的理解，他说，夏后氏用“明器”，是表示丧祭的对象已经没有意识了，殷人用“祭器”，是表示丧祭的对象仍然有意识，周人既用“明器”也用“祭器”，便是对丧祭的对象是否有知持怀疑的态度。曾子反对说，“明器”是献给鬼神用的器具，“祭器”是人自己也用的器具，古代的人不可能将自己死去的亲人绝对地判定为无知。

曾子的这一立场更加适当地表达了孔子的立场。鬼神上天，对

---

① 孔颖达：《礼记正义》，北京大学出版社1999年版，第227页。

有限的生者来说是“不可测”的，超出了人的限度之外，如果断定他在另外一个世界如活人一样存在，那是一种想象而已，实为不智，也是降低了他们存在的尊严；如果因为自己不知道而以一种怀疑主义忽视乃至否定他的存在，那是对他者的排斥，实为不仁，没有意识到他们作为某种意义的形态与自己的关联。《礼记·檀弓下》记载：

> 涂车、刍灵，自古有之，明器之道也。孔子谓“为刍灵者善”，谓“为俑者不仁”，不殆于用人乎哉？

涂车、刍灵都是象征性的物品，以示对鬼神上天的尊与亲。如何对待自己不能够完全确定、超出自身之外的存在，不仅是自己与他们的关系问题，更是自己的德行问题。所以孔子认为，制作象征性的“刍灵”献祭是好的行为，既尊重了鬼神，也规正了自己；但是，制作人形的佣以献祭，不仅是不知，更是不仁，因为这不仅是鬼神是否如人一般存在的问题，更是是否忍心牺牲自己的同伴献祭给鬼神的问题，这是人自己的不仁。

据此理解《论语》所记孔子对“鬼神”的态度，可以发现其中的一贯。孔子的理解与其说是一种不可知论或者人文主义的立场，不如说是一种“神明之”的立场。对照《论语》所记孔子对“天”的理解可以发现，孔子也是以这种方式理解“天”。

冯友兰等将孔子的“天”分为多种类型，如有鬼神意义的“天”、自然意义的“天”、道德意义的“天”等。许多学者据此认为，孔子对“天”并无统一的认识，许多地方只是顺应当时的说法，以说明道德的精神而已。[①] 但是，《论语》所记孔子对“天”的理解仍是有其“神明之”的一贯态度，反映了他立身成仁的基本立场，而不是各种权宜。按照这种方式理解，可以说孔子不必一定预设“天”到底是如何存在，重要的是，它代表了人所不可决断的东西，包括人的是非、福运、身处的自然规律与状况，这些都不是人所决定的东西，都是需要敬畏的东西。在此意义上，它们都是“天”的体现。所以，一方面，孔子既向天祈祷，向天发誓，“丘之祷久矣”（《论语·述而》），似乎以“天”为鬼神之“天”，也认为“四时行焉，百物生焉”是“天”的作用（《论语·阳货》），似乎以“天”为“自然”之“天”；另一方面，他也认为，人的圣德，在于以“天”为“则”，“唯天为大，唯尧则之”（《论语·泰伯》），似乎以“天”为义理之天。对他来说，无论“天”是可知还是不可知，人对“天”的理解是对还是错，更重要的是，面对高高在上的天，需要反本为己，正视自己的责任与限度，敬畏体现着天之尊严的规范、自然与福命。

天下许多因素，即便是人自己身上的因素，也在不同意义上超越了人。就此而言，它们都在不同意义上是高于人的天。孔子所谓“天”的意义的丰富多样正是来自他的这一立场。重要的是，天意味着对超越存在的敬畏，对人身上、身边所有超越存在的敬畏。《论语·季氏》记载，孔子曰，

> 君子有三畏：畏天命，畏大人，畏圣人之言。小人不知天命而不畏也，狎大人，侮圣人之言。

① 潘志峰：“近20年关于“天人关系”问题的研究”，《社会科学战线》，2003年第4期，第226~230页。

礼敬上天体现的这种敬畏的精神，即体现为对“天命”的敬畏，也可引申为对“大人”、对圣人的规范的敬畏。这种敬畏不在于一定能够认识和知道“天命”，不在于一定能够亲近和影响大人，不在于一定理解和认同圣人之言，而在于人首先要定正自己，对其所不能确定的因素有包容、有敬畏。

孔子对自己视为使命的事业，视为来自上天的使命，也并未以一种确定的态度将其建基于“天”。《论语·子罕》记载，

> 子畏于匡。曰：“文王既没，文不在兹乎？天之将丧斯文也，后死者不得与于斯文也；天之未丧斯文也，匡人其如予何？”

孔子认定，传道斯文是自己的使命，不可怀疑，不可舍弃，这是对天的亲亲态度，因此可以将自己这种近乎身不由己的执着理解为天命；但是孔子也知道，自己并不一定就无误，自己并不是一定能够成功，后人是否能够得到斯文之传不是自己能够决定的，是超出自己限度的，自己只能尊重天命。

显然，孔子对“天命”的态度，与孔子对“明器”的界说一以贯之。按照孔子的这种“神明之”的理解，不能够将上天视为与人的努力无关的存在。人做出各种决断，本身便有许多人所不能决定的事情，而人的选择有时又是理所当然或者迫不得已。天似乎就在人身上存在，如果以之为不存在，认为自己可以主宰世界，认为自己没有限度，其实是对自己的不仁。但是，如果认为天即是确定的存在，正如人自己选择连接和对待的那样，以至于将天当成了与人一样的存在，并且在人的行为中，将与天的关系看得与人的关系一样，完全以一种与现实的存在物发生关系的方式与上天发生关系，那将只是自己的不知。简言之，如果

将天视为不存在，那是人的不仁，如果将天断定为如同人所认识的那样，那是不知。亲承天命，敬畏上天，才是“神明之”的态度，才是仁且知的德行。

丧祭等礼培育的与鬼神上天发生关系的方式与立场，对孔子来说，是理解“仁”等德行的典范。孔子对德行的理解，即是这种与鬼神与上天发生关系的方式与立场的推演。这种精神应用到父母身上就是“孝”。《论语·里仁》中孔子曰：

> 事父母几谏。见志不从，又敬不违，劳而不怨。

父母可能会做错事情，为人子者义当劝谏，如果一味地顺从父母，无关对错，那不是真正的“孝”。《孝经》记载孔子之言曰：“父有争子，则身不陷于不义。故当不义，则子不可以不争于父。”为人子者，不能够眼睁睁看着自己的父母陷入不义，当有不义的事情发生，为人子者必须争取让父母走上正道。但是，父母又是自己的至亲，为人子者不能够因为父母犯了错便对他们不敬，不能因为父母有不义之行，便舍弃他们，或者任由他人惩罚他们，似乎与己不干。如果父母实在已经犯了错，孔子说，“子为父隐，父为子隐”（《论语·子路》），不能坐视他们陷入刑狱。这种精神遵循了对待鬼神的那种亲而敬之的方式。为人子者对父母的爱，并不在于自己一定与他们有良好而亲和的关系；为人子者对父母的敬，并不在于自己一定能够理解或认同他们的行为方式。父母可能爱为人子者，可能不爱，可能好，也可能暴虐，这是为人子者不能完全决定的；但是如同对待神明一样，为人子者面对这种不确定性，无论发生什么情况，仍然爱戴自己的父母，这才是仁。父母可能行事正常，也可能不正常，可能犯错，也可能正确，可能有义，也可能不义，无论是哪种情况，为人子者需要知道，这是父母的对，那是父母的错，需要敬重他们的正当，也要敬畏他们的过误，这才是智。很明显，这种在“孝”的精神中体现的“爱”与“敬”，正是那种对待鬼神上天的“神明之”的精神的推演。

不仅对父母的“孝”体现了如此理解的“爱”与“敬”，凡所有德行，所有与他者的关系，都需要以这种“神明之”的精神为典范。自己与他者、与世界的关系，对有限的人来说，在一定意义上即是这种“不可测”的关系。他者、世界是与自己不同的存在，自己可以主动与之发生关系，也可以避免发生这种关系，自己与他们之间的关系是可确定或者不可确定的。但是，如果就此认为这种不可测意味着这种关系是可有可无的，那么，这是不仁。所以，孔子说，

> 弟子入则孝，出则弟，谨而信，泛爱众，而亲仁。(《论语·学而》)

孔子认为，无论是至亲如自己的父母，还是至疏如陌生的众人，都需要有所爱亲，不能视之为与己无干，如同对待将死者，将其视为绝不存在一样，将陌生人甚至身边的人视为与己无干，那是不仁。

对待整个世界，孔子也是持这一态度，他说：

> 鸟兽不可与同群，吾非斯人之徒与而谁与？天下有道，丘不与易也。(《论语·微子》)

那些以高洁避世为义的隐士，贬低孔子周游列国、惟义是行的行为，认为最高尚的事情是避开世界，从而避开世间所有的污浊。孔子虽然认同

“天下无道”的现实，认同隐士对天下的批评，但是，他仍然像对待神明一样，视天下人为自己的同胞，终身奔走，传道斯文，为“天下之木铎”。

不过，按照这种“神明之”的精神，也不能因为自己可以与他者与世界发生关系，便像对待自己一样，将别人的事情完全当成自己的事情，完全忽视了相互之间的区别，那是不知。《论语·里仁》记载，子游表达了这种理解：

> 事君数，斯辱矣，朋友数，斯疏矣。

朱子转引他人的解释说：“事君谏不行，则当去；导友善不纳，则当止。至于烦渎，则言者轻，听者厌矣，是以求荣而反辱，求亲而反疏也。”[①] 虽然事君与交友都是人所当为的事情，人自然也当爱戴自己的君上与朋友，但是并不能因此而将自己与他们之间的区别混淆，认为他们与自己完全等同，毫无差别。如果事君太过勤切，君主并不能够听从忠告，可以停止劝告，甚至离他而去，否则，由于自己与他们终究有距离，过度殷勤便成为对双方尊严的亵渎，希望亲近，反倒造成了疏远；对朋友，也是如此。

孔子对待世界的态度也是这样。他说：

> 笃信好学，守死善道。危邦不入，乱邦不居。天下有道则见，无道则隐。邦有道，贫且贱焉，耻也；邦无道，富且贵焉，耻也。（《论语·泰伯》）

① 朱熹：《四书章句集注》，凤凰出版传媒集团 2008 年版，第 71 页。

虽然对世界需要以上面所说的那种同胞同体的精神爱戴它，但如果因此混淆了自己与世界，完全忽视了自己与世界的差别，也是一种不知。当一个国家混乱的时候，可以避开，当世界混乱的时候，可以隐藏，无须不顾一切地混入其中。如果世界混乱，自己与其一样，那是一种耻辱，由此丧失了自己，那也是一种不知。

因此，孔子对他者和世界的理解，即是采取了丧祭等典礼培育的那种“神明之”的“亲亲”而“尊尊”、“爱”而“敬”的精神。可以在此意义上理解他所谓“大同”与“大公”的真义。所谓“大同”，将整个世界视为与自己一体的存在，这是“仁”的体现；所谓“大公”，对整个世间的一切不能够忽视其间的各种差别，需要有一个公共的规则和秩序，能够尊重和维护所有不同个体的差别，这是“义”的体现。“大同”而不分，那是不知与不敬；“大公”而不同，那是不仁与不爱。在此意义上，“大同”与“大公”即是一种对世界“神明之”的态度。

孔子的“仁”是一以贯之的“忠恕之道”，是对“忠”“恕”“爱”“敬”“亲亲”“尊尊”精神的统摄，“大同”与“大公”是“仁”的精神在两个方向的扩充。不能仅仅将“仁”解释为与万物一体，如果那样的话，意味着忽视了人自己作为个体，与万物的差别，那是一种不知与不敬。“恕”“敬”“尊贤”“大公”，体现了尊重他者、万物独立与差别的精神。但是也不能够仅仅将“仁”理解为尊重所有的差别，如果那样的话，意味着漠视了自己与他者之间相互的关联，忽视人们之间根本的一体，那是一种不仁与不爱。因此，人与鬼神上天，人与他者，人与世界发生的关系，都可以以“仁”统摄。“忠”“爱”“亲亲”“大同”，体现了有尊重地与他者与万物一体的精神。

“克己复礼为仁”是对这种“忠恕”之道的集中表达。一方面，对自己，对他人，对整个世界，它强调的是人自己要负起责任，自己要一体担当为己的道德要求，所以“为仁由己”是“忠”于自己，是自己“克己”，而不是别人；另一方面，自己“恕”于他人、世界，不能以为所有的事情只是自己决定了的，自己的行事的正当性本身超出了自己的理解和实践，因此人类需要“复礼”，需要对礼与非礼的区分及其间的正当性问题有所敬畏，需要对他者、世界与自己的不同有所敬畏，不可肆行己意。

如此理解的“克己复礼为仁”的精神，将“神明之”的精神发挥到了极致，为正当性问题奠定了基础。“克己复礼为仁”的精神对正当性的意义在于，按照这种精神，首先要将所有的正当性问题视为自己的问题，世界上所有的问题，特别是最为重要的问题，不是与自己不相干的问题，需要在原则上理解和担当应对、处置这些问题的责任；同时，也不能因此认为，由于可以将世界看作是自己的世界，便可以按照自己的方式随意处置，而没有意识到，有限的自己，与他者，特别是无限的上天，也有着不容忽视的差别，需要按照不同的个体、按照差别的世界的共同规则行事。如此，才能真正通过担当和敬畏正当性成就自己，这才是“克己复礼为仁”适当的含义。

以此为依据，可以看到，孔子如何理解宗法等级制度层面的正当性危机问题。自己者、尊者发生的关系，不是单一的可以确定具体规则的关系，而是丰富多样而又不可测的实践关系。因此，不能将宗法等级制度理解为单一的规则衡量自己的行为，而是在实践中通过“亲亲”“尊尊”的精神具体与亲者、尊者发生关系。无论情境与条件为何，“克己复礼为仁”是面对这些情境的根本立场。正当性的危机是人的存在的基本问题，始终需要将其视为自己的问题，但又需要对正当性本身有理所当然的敬畏。

“克己复礼为仁”体现的是对正当性问题的担当与敬畏，由此成就自己的仁德。孔子没有自视为可以全然无误地判定“礼”与“非礼”的圣人，不是将自己的思想与行为作为无可否定的规范或者标准，由之评判其他的原则与行为，而是对所有规范与行为正当与否的问题，持谦卑而敬畏的态度，通过对高出自己的“礼”与“非礼”的正当性的选择，成就自己，成就自己的仁德。按照这种精神，人不可能绝对无误地做出正当的选择，自认为绝对无误，那是不知和不敬；但是人又不能不主动地做出正当的选择，自认为正当性问题与己无干，那是不仁与不爱。

这种以禘尝等礼为典范的“神明之”的精神是道德精神的典范，是正当性问题的根本。郊社禘尝等典礼构建了天人民神关系的典范，宗法等级制度只是这种典范的某种现实体现。对孔子来说，人与先祖神灵的关系是人与自己历史的关系，人与上天的关系是人与天地秩序的关系；人通过禘尝之礼与先祖取得的同一，意味着人需要担当自己的历史责任，人通过郊社之礼与上天形成的差等，意味着人需要通过践履正道尊重自己的天命。

按照“克己复礼”的精神，孔子并不是认定自己能够解决历史的传承与断裂的问题，并不认为自己能够解决上下的失序与民神杂糅的问题；对他来说，重要的是，需要有对历史的自我担当与对天命的敬畏，需要有对在上之天象征的正当性的自我担当与敬畏。宗法的“亲亲”与等级的“尊贤”首先具备的是这种“克己复礼”的道德实践的意义。

# 第四章

# 孔子仁礼思想的道德意蕴

许多学者或者因为同情孔子的思想，将孔子的“仁”与差等意义的“礼”分割开来，消除“仁”之中差等的意义，或者因为与孔子思想立异，以等级意义的“礼”限定孔子的“仁”，视“礼”为专制政体的形态。但是，对孔子来说，差等的真正意义是“忠恕”“爱敬”的统一，有这种意义的差等，才能尊重所有因素独特的存在，才能有真正意义的博爱，抹杀差别往往是对自身与他者独特性的漠视，抹杀差别的“爱”因此会容易走向自身的反面。

《孝经》记孔子之言曰：“不爱其亲而爱他人者，谓之悖德；不敬其亲而敬他人者，谓之悖礼。以顺则逆，民无则焉。不在于善，而皆在于凶德，虽得之，君子不贵也。”没有差等的“爱”，虽然看似良善，但由于它本身便是对自身或他者独特性的漠视，所以不是真正的“爱”，而可能是“凶德”。尊重所有独特的存在，才会有真正意义上的博爱，真正意义上的博爱也要求尊重所有独特的存在。

对孔子而言，“礼”的差等的根本意义，不是权位的等级，而首先是“忠”与“恕”相互统一的体现。孔子以“忠”与“恕”、“爱”与“敬”、“亲亲”与“尊尊”、“大同”与“大公”统一的“仁”为根本精神，以如此理解的“礼”为根本形态，将过往的历史与同时的文明视为与自身一体的存在，尊重所有可能与自身有差别的他者。因此，如果并不预设对孔子的同情或者疏离，回到孔子的“仁”与“礼”统一的道德精神中，反而可以发现，孔子“仁”的精神与“礼”的形态有其深广的道德意蕴。

## 第一节　历史与文明

按照孔子“仁”的精神，“忠”与“恕”不是规则，不是理想，而是根本的道德实践精神。以这种精神为本，可以将所有的规则作为自己可能需要遵循的规则，诚敬地加以辨析；可以将所有的理想作为自己可能需要追求的理想，诚敬地加以权衡。与各种以规则或者理想理解世界的方式相比，以这种“仁”的精神为根本，通过“忠”与“恕”、“大同”与“大公”的精神，历史传统的连续与断裂，文明秩序的有序与无序，其中的各种问题与因素，可以得到全面的包容和尊重。

“大同”的精神体现在，它以“忠”“爱”“亲亲”为基础，将历史的传统与文明的秩序视为自身的问题加以担当。

孔子所谓“文”，朱子解释说，“盖礼乐制度之谓”①。与将其理解为六艺相比，这是较为宽泛的解释，但与将其理解为文化传统相比，这一解释又相对狭窄。② 要之，正如张栻所说，“不曰丧己而曰丧斯文，盖己之身即斯文之所在也”③，孔子面对生死存亡的困境，首先念及的不是生命意义上一己的安危，而是文王体现的礼乐文化传统在自己身上的存续，体现的即是“仁爱”蕴含的超出小我的“大同”精神。但是这种“大同”不是理想，也不是是非的认同，而是孔子行道与处世的

---

① 朱熹：《四书章句集注》，凤凰出版传媒集团2008年版，第106页。

② 高尚榘：《论语歧解辑录》，中华书局2011年版，第464页。

③ 张栻：《南轩论语解》卷五，第2页。转引自高尚榘：《论语歧解辑录》，中华书局2011年版，第463页。

道德根基。

首先，“仁”是理想的前提，不是理想本身。《韩诗外传》卷六记载：

> 孔子行，简子将杀阳虎，孔子似之，带甲以围孔子舍。子路愠怒，奋戟将下，孔子止之，曰：“由！何仁义之寡裕也！夫《诗》《书》之不习，礼、乐之不讲，是丘之罪也。若吾非阳虎，而以我为阳虎，则非丘之罪也，命也！我歌，子和若。”子路歌，孔子和之，三终而围罢。①

孔子因为外表接近阳虎，被人攻伐，陷入困境，自然不能说是他在现实中实现了与他人的和同。孔子理解的“仁义”的意义，首先也不在于是否实现了与他人和同的状态。孔子认为，既然以仁义为本，传习唐虞三代的《书》与《诗》，讲修天子士庶的礼与乐，在道德精神上实现历史与文明的统一，才是自己需要关注的事情，至于自己是被当成阳虎之类的奸邪之人受到攻伐，还是被天下君民认同得以博施济众，并非自己能够决定的事情。

其次，“仁”是存在的体认，不是是非的认同。《论语·微子》记载：

> 夫子怃然曰：“鸟兽不可与同群，吾非斯人之徒与而谁与？天下有道，丘不与易也。”

---

① 许维遹校释：《韩诗外传集释》，中华书局1980年版，第226~227页。

邢昺说，“‘吾非斯人之徒与而谁与’者，与，谓相亲与。我非天下人之徒众相亲与而更谁亲与？”① 据此，孔子正是以“亲亲”的精神将天下人视为自己的一体。朱子转引程子之言曰，“圣人不敢有忘天下之心，故其言如此也”，转述张子之言曰：“圣人之仁，不以无道必天下而弃之也。”② 孔子以天下事为己事，无论“天下有道”“天下无道”，皆是如此。孔子对天下的认同，不是认为天下无所谓是非，无所谓有道或者无道，更不是一味地维护天下，维护自己所爱的对象。有时正是因为天下无道，以天下为己事的人需要将为天下拨乱反正视为自己的道德要求。

孔子说，“不怨天，不尤人”（《论语·宪问》），世间的是非、善恶、得失、福祸都是自己的事情，即便有错谬败亡的事情，也不能失去自己的担当，怪罪上天与他人；孔子“知其不可而为之”，并非因为他认为自己必然可以实现“大同”的理想，而是因为他有“大同”的精神，认定自己必须将天下事视为自己的事情。因此，孔子的“仁”体现的这种“大同”精神，首先并不是一种是非对错的认同，也并非一种理想形态的大同社会，而是所有是非担当与理想追求的根基。

“大公”以“恕”“敬”“尊尊”的精神为基础，在历史的传统与文明的秩序中担当公共的事务及其中的问题。孔子对历史与文明的体认，并非对礼乐传统与文明形态不加分辨地认同，其间的是非大小问题也不是一己的认同与认知能够决定或确定的事情。

首先，“大公”精神对天下的体认并非简单的是非认同。《论语·子张》记载，子贡曾述孔子之学：

---

① 邢昺：《论语注疏》，北京大学出版社 2000 年版，第 286 页。

② 朱熹：《四书章句集注》，凤凰出版传媒集团 2008 年版，第 181 页。

> 卫公孙朝问于子贡曰："仲尼焉学？"子贡曰："文武之道，未坠于地，在人。贤者识其大者，不贤者识其小者，莫不有文武之道焉。夫子焉不学？而亦何常师之有？"

朱子说，"文武之道，谓文王、武王之谟训功烈，与凡周之礼乐文章皆是也"[①]。孔子学无常师，历史与文明中的大小贤达都因为自己不同意义的贤德而成为典范，被孔子加以理解和效仿。在此意义上，就文化形态来说，孔子所学的范围也不限于周礼，夏礼、殷礼皆其所学。正如邢昺所说，"夫子无所不从学，故无常师"[②]。这种对天下所有贤否是非的统一关注，是以"敬"的"大公"精神为根基的，只是这种"大公"也非对所有先例不加判定地认同，而是对其间的贤否、大小不偏不倚地加以鉴别和判定。这种"大公"精神意味着，需要尽可能全面而完满地正视和理解天下的问题，特别是最为公共、最为根本的问题，也就是说，需要正视和理解天下的"公义"。

学无常师，因此意味着需要以"大公"为根本精神，敬守天下"公义"。《论语·述而》记载：

> 子曰："三人行，必有我师焉，择其善者而从之，其不善者而改之。"

邢昺解释说，"此章言学无常师也。言我三人行，本无贤愚相悬，但敌体耳，然彼二人言行，必有一人善，一人不善，我则择其善者而从之，

---

① 朱熹：《四书章句集注》，凤凰出版传媒集团2008年版，第188页。

② 邢昺：《论语注疏》，北京大学出版社2000年版，第298页。

不善者而改之。有善可从，是为师矣，故无常师也”[1]。邢昺的理解既不枉评他人，体现了包容他者的仁爱精神，也强调善与不善的分辨，表达了对正当性问题的敬畏。孔子对历史与文明的尊重，即是对历史与文明中各种不同意义的道与善的学习、比较和权衡，既是将天下事视为自己的事，也是尊重天下与自己的不同，敬畏天下在自身之外的存在，因此是对天下共有的善恶与是非的敬畏，是对天下“公义”的敬畏。

再者，这种对正当性的敬畏并未表达某种确定的规范，并非某种有关真理的认知，而是充满敬畏地正视和尊重规范或真理本身的道德精神。《论语·为政》记载：

> 子曰：“由！诲汝知之乎？知之为知之，不知为不知，是知也。”

按照刘宝楠的理解，孔子其实谈到了三种“知”。“诲汝知之乎”，刘宝楠引《韩诗外传》所记孔子近似的言说指出，“知之”与“志之”相通，为记忆的意思；“知”与“不知”相对之“知”，有知道的意思。“是知也”，按照《释文》的解释，则有智慧之义。[2] 朱子解释说，“所知者则以为知，所不知者则以为不知。如此则虽或不能尽知，而无自欺之蔽，亦不害其为知矣。况由此而求之，又有可知之理乎？”[3] 朱子此处对孔子所谓“知”的理解，强调其中“智”的意义，这种“智”不是记忆性的知，也不是知道正确的规范或真理，而是作为如何对待是非

---

① 邢昺：《论语注疏》，北京大学出版社 2000 年版，第 103 页。

② 刘宝楠：《论语正义》，中华书局 1990 年版，第 61 页。

③ 朱熹：《四书章句集注》，凤凰出版传媒集团 2008 年版，第 55 页。

真假的基础的道德精神；没有这种对正当性或真理本身的敬畏与尊重，容易按照一己的意志决定是非，即便真假是非明确地显现，也倾向于因为私心以是为非、以真为假，如此，不但不可能有“智”，也不可能真正有严格意义的知识。

对孔子来说，这种敬畏不仅限于思想范围的“智”，而是知行共同的道德根基。《韩诗外传》卷三记载：

> 孔子曰：“由志之，吾语女：夫慎于言者不哗，慎于行者不伐。色知而有长者，小人也。故君子知之为知之，不知为不知，言之要也；能之为能之，不能为不能，行之要也。言要则知，行要则仁，既知且仁，又何加哉？”①

根据这一传述，孔子认为，无论“言”还是“行”，无论“知”还是“能”，都需要有所谦卑、有所敬畏。言与知的敬畏体现的是“智”的道德精神，行与能的敬畏体现的是“仁”的道德精神。“仁”与“智”都体现为一种谦卑和敬畏的精神。没有这种谦卑与敬畏，是非真假在思想中得不到真诚而严正的对待，在行为中也得不到真诚而严正的遵循，“知”不足以成为真知，“能”不足以成为真能。不仅如此，那种自以为是，自以为能，缺乏谦卑与敬畏的人，即便在言与知上视自己与天地万物为一体，可能也只是将自己限定于一己之私，而不能借助对天下“大公”的尊重与担当，成就自己最大的仁德。

按照《韩诗外传》卷三记载，孔子对子路做出上述告诫之前，便表达了这一理解：

---

① 许维遹校释：《韩诗外传集释》，中华书局 1980 年版，第 119~120 页。

> 子路盛服以见孔子。孔子曰："由疏疏者何也？昔者江出于汶，其始出也，不足以滥觞。及其至乎江之津也，不方舟，不避风，不可渡也，非其众川之多欤？今汝衣服其盛，颜色充满，天下有谁加汝哉？"子路趋出，改服而入，盖揖如也。[①]

孔子以江河为喻，说明只有谦卑恭敬，才能够不断地容纳更多的内容，才能够成就自己的广大。子路理解了孔子的用意，改服以体现谦恭揖让的精神。按照孔子的理解，只有尊重和敬畏天下的公义，才能不止步于言与知范围内的自我，才能使得自我"大同"的精神不限于自得与自大，进而成就与"大公"统一的"大同"，成就真正的"大同"。

孔子说，"君子之于天下也，无适也，无莫也，义之与比"（《论语·里仁》）。一切以"义"为标准，并非表达了任何具体的规范或者真理，但却是一切言行能否真正符合或遵循规范与真理的道德根基。对孔子来说，尊重道义体现的是对天下公共的正当性的敬守，是天下一切言行的根基。因此，"大公"精神的根本性在于，它不是具体地知道了什么大道或者真理，也不是表达了什么具体的道德规范或者真理，它注重的是对任何道德规范或真理，在思想与行动中的谦卑与敬畏。

正如"忠"与"恕"、"爱"与"敬"并不相同，"大同"与"大公"也不能等同。对他者的"爱"，与"忠"一样，是将他者视为与己一体；对他者的"敬"，与"恕"一样，是尊重他者与己的不同。"仁"的差等因此是"忠"与"恕"、"爱"与"敬"的统一，即需要爱他人

① 许维遹校释：《韩诗外传集释》，中华书局1980年版，第118～119页。

乃至万物，但也需要尊重他人以及万物与自己的差别。以“忠”为基础的“大同”是对天下万物的认同，以“恕”为基础的“大公”是对天下公义的尊重，也是如此。

孔子对古往今来的历史与文明，可以按照这种“忠恕”“爱敬”“亲亲尊尊”“大同大公”合一的“仁”的差等的精神加以理解，这种理解是理解个体、家、国、天下的典范。孔子对唐虞三代的历史与文明及其危机的理解和应对，首先体现的是根本的道德精神，这种精神及其基本形态是个体、家、国、天下的典范，而其危机也是个体、家、国、天下的根本危机。

孔子对历史与文明的关注，对其危机的忧患，是其“大同”与“大公”精神的体现。《论语·八佾》记载，孔子说：

> 夏礼，吾能言之，杞不足征也；殷礼，吾能言之，宋不足征也。文献不足故也，足则吾能征之矣。

表面看来，孔子所言是前代之礼是否可以确证的问题，但是，结合孔子的道德精神与其时代处境可以发现，此言更体现了孔子对历史传承与文明秩序的关注，对文明与历史的危机的忧患。《礼记·乐记》云：“武王克殷，下车而封夏后氏之后于杞，封殷之后于宋”。孔子对夏礼与殷礼的关注，是对前代礼乐文化的关注，也是对同时的不同文化传统的关注。《史记·陈杞世家》云：“杞东楼公者，夏后禹之后苗裔也”，周武王“封之于杞，以奉夏后氏祀”；《宋微子世家》云：“微子开者，殷帝乙之首子，而帝纣之庶兄也”，“代殷后，奉其先祀”，“国于宋”。周初分封前王之后，杞和宋等国通过续守前代祭祀，在一定意义上接续了夏商文化，周礼形成了包容和尊重多样文化传统的制度与精神。戴望《论语注》云："王者存二王之后。杞宋于周，皆得郊天，以天子礼乐祭其始祖。受命之王，自行其正朔服色，备其典章文物。周衰，杞为徐莒所胁，而变于夷。宋三世内娶，皆非其国之故。孔子伤其不用贤，以致去礼，故言俱不足征以叹之。"① 孔子的时代，周室衰微，文明失序，文化的丰富多样与传统的持存接续都出现危机。孔子接续历史传统和规整文明形态的努力，正是对传统断裂与文明失序问题的应对。孔子对历史与文明的关注和忧虑，是以历史、文明为一体的精神与尊重历史、文明公义的精神为基础。在能够传承和分辨历史传统与文明秩序之前，孔子不是预设了历史传统与多样文明一定正当。问题在于，没有对历史与文明的体认，人们甚至无从判断它们的正当与否，更无从通过比较判断自己的历史文明正当与否；没有对历史与文明的尊重与其间正当性的正视，人们对历史与文明的任何预设都是站不住脚的。

这种历史与文明的危机，在东周时期尤为严重。体认和敬畏这种危机是时人自身道德精神的体现，并非一时一地的要求。《论语·尧曰》记述的圣圣相传的道德精神，即是对这种根本的危机的担当与敬畏：

> 尧曰："咨！尔舜！天之历数在尔躬。允执其中。四海困穷，天禄永终。"舜亦以命禹。曰："予小子履，敢用玄牡，敢昭告于皇皇后帝：有罪不敢赦。帝臣不蔽，简在帝心。朕躬有罪，无以万方；万方有罪，罪在朕躬。"周有大赉，善人是富。"虽有周亲，不如仁人。百姓有过，在予一人。"

尧对舜的训诫强调的是对天下的担当，这可以理解为一体大同的道德精

① 刘宝楠：《论语正义》，中华书局 1990 年版，第 82 页。

神，它不是目的或理想意义的大同，而是身处天下的根本道德精神。即便不能够完美地做到“博施济众”，即便“四海困穷，天禄永终”，也不能够丧失与天下一体大同的根本道德精神。这种一体大同并不意味着至上境界的达成。天下一体大同的精神，不是自满于在观念中与万物一体的思想，而是要求对天下的有道无道兴衰存亡有其担当、有其敬畏。天子有一体大同的道德，有高居天下的位置，便需要敬畏世界的根本危机，那就是天下有道与无道、兴衰与存亡不是任何人能够决定的，这体现了人的限度。舜传于禹、汤武接续的是这同样的担当与敬畏的精神，是对自身、对这世界的危机的担当与敬畏。这种精神是对“天”的一种“神明之”的立场。按照这种精神，既需要体认天与人的一体合一，也有敬畏天在人之上的差等，正视自己的限度。历史与文明的广大与限度即由这种“大同”与“大公”的精神彰显。

圣王担当和敬畏危机的精神，是个体、家、国、天下的道德典范，这并不意味着需要将“忠”“恕”“爱”“敬”简化为“大同”与“大公”，也不意味着需要将“大同”与“大公”还原为大同。就道德概念和精神而言，孔子并未将“仁”作为某种普世价值的概念，简化“忠”与“恕”、“爱”与“敬”、“亲亲”与“尊贤”等精神，也并非将“仁”作为某种理想的概念，还原“大同”与“大公”的精神。“忠”与“恕”、“爱”与“敬”、“亲亲”与“尊贤”、“大同”与“大公”，它们虽然都是在根本精神两两相对的概念，都是“仁”统一的体现，但它们都不是某种规范或规则，不是某种理想或目的，不能按照普遍归纳的方式归纳或者还原，不能按照目的与手段的方式统一或简化。以“仁”的精神为本，恰恰需要体认自己在不同情境中不同的身份，敬畏自己在不同情境中面对的正当性问题。正是在此意义上，孔子强调不同身份的道德精神的不同。例如，孔子说，“弟子入则孝”（《论语・学而》)，以“孝慈”为家的主要精神；孔子说，“君使臣以礼，臣事君以忠”，以“忠礼”为国的主要精神。他也强调不同情境不同道德精神的不同。例如，孔子说，“礼，与其奢也，宁俭；丧，与其易也，宁戚”(《论语·八佾》)，子张说，“祭思敬，丧思哀”(《论语·子张》)，是以“敬”为祭祀的基本精神，以“哀”为丧事的基本精神。

这些身份与情境又都以其不同的方式，体现了“仁”的精神，体现了其中“忠”与“恕”、“爱”与“敬”的差等与统一。以“孝”为例，“孝”虽然首先是家庭范围的德行，但它也体现了“爱”与“敬”的精神，由此才成为“仁”之本(《论语·学而》)。《孝经》传述孔子之言曰，“教民亲爱，莫善于孝；教民礼顺，莫善于弟”，家庭中的孝悌之德也可以理解为“亲爱”与“敬顺”。不仅如此，根据《孝经》的记述，孔子认为，“孝”的这种“爱”与“敬”的精神也是国家与天下都需要的道德精神。孔子说：

> 爱亲者，不敢恶于人，敬亲者，不敢慢于人。爱敬尽于事亲，而德教加于百姓，刑于四海。

“孝”培育的“爱”与“敬”的精神，不但是与父母家人相处需要的道德精神，也是与他人相处需要的精神；不但是人与人之间相处需要的道德精神，也是一国之内、四海之间共同需要的精神。

尽管如此，孔子并未以“爱”与“敬”或者“仁”简化或者还原所有“德行”。“仁”之“爱”“敬”不是普遍的规则，不是单一的理想，而是立身行道的根本道德精神。对孔子来说，重要的是要在实践中通过担当和敬畏，以这种精神面对自己以及这个世界及其危机。在不同身份与处境之中的道德精神，不能通过一体的归纳将其还原为某种规则，也不能通过统一的处理将其简化为某种理想。

在对家族的“孝”与对国家的“忠”之间，孔子并未以家还原为国，也并非以国简化为家，而是维持了家与国之间一体的张力；与此相应，他并未以归纳或抽象出规则或者理论的方式解决其间所谓矛盾，也并未以统一或者精简出理想与目的的方式消除其间所谓冲突。《论语·子路》记载：

> 叶公语孔子曰：“吾党有直躬者，其父攘羊，而子证之。”孔子曰：“吾党之直者异于是。父为子隐，子为父隐，直在其中矣。”

孔子并不认为“孝”就是认同父母的一切作为。孔子所谓“爱”，并非不敬畏正当性的一味认同。孔子说，“事父母几谏”（《论语·里仁》），即是不希望使得父母陷入不义。使得父母陷入不义，是对父母的不敬，自然也不是真正的“爱”，更不是真正的“孝”与“仁”。《孝经》传述孔子之言曰：

> 父有争子，则身不陷于不义。故当不义，则子不可以不争于父，臣不可以不争于君；故当不义，则争之。从父之令，又焉得为孝乎？

孔子明确地表示，从父之令不是真“孝”，真正的“孝”需要有对“义”的敬畏，需要将父母“义”与“不义”视为自己的事情，不能使父母陷于不义。同样，对君也是如此，不使其陷于不义，才是真正的“忠”。但是，孔子又强调子为父隐，父为子隐，并且父母不听从自己的劝谏的时候，“见志不从，又敬不违，劳而不怨”（《论语·里仁》）。孔子对“孝”的理解是“爱”与“敬”的统一。一方面，不能不对父母的"义"与"不义"有所敬畏，另一方面，即便父母不义，自己对父母也不能丧失其"爱"的精神。"爱"毕竟不是预设了具体的规则、具体的理想，不是要求父母一定如何行事，不是要求家庭一定要达到什么状态，而是对待父母、对待家庭的出发点。

对父母、对家庭有"爱"有"敬"，才是完整的"孝"，才是对家庭的完全的体认、对其问题的真正担当。如果父母陷于不义，便弃之不顾，天下没有完善的父母，任何事情都会成为舍弃父母的理由。同样，对师长、对朋友、对国家、对天下也是如此，需要"爱"与"敬"的统一，既不能以具体规范或目标为标准，决定爱或者舍弃，也不能对其义与不义全然不顾。对家庭、对国家、对天下，完整的"爱"与"敬"必然意味着需要将家庭、国家与天下都视为不可舍弃或者玩忽的完整个体。但不能将孔子的思想简单地还原为个体主义、家族主义、民族主义或者天下主义而忽视其他的存在，忽视自身的限度。个体、家族、国家、天下之间的差别、矛盾或者冲突，正是它们各自完整与独立的体现，也是需要敬畏各自的限度与天下公义的因素。不能将天下还原为国、家、个体，也不能将个体、家、国简化为天下；将天下还原为国、家、个体是对天下整体的无视与不敬，将个体、家、国简化为天下，是对具体个体、家、国的无视与不敬。无论是个体对自己的历史与文明状态的关注，对家庭的历史与文明状态的关注，都与国家天下层面的问题一样，是仁之"爱"与"敬"、"亲亲"与"尊贤"、"大同"与"大公"精神相互统一的体现。

因此，孔子以"仁"之"忠恕""爱敬""亲亲尊尊""大同大公"等方向，理解和统一历史的传统与文明的秩序及其中所有的因素。孔子以这种精神为所有规范与理想的根本，在具体的身份与情境中体认不同的自我，体现不同的道德，而不是将所有的道德作为规范，做普遍的归纳，不是将所有的道德作为理想，做统一的归结。孔子在广大而切实的意义上，以“仁”的“忠恕”等相互统一的精神，体认和尊重在历史的传统与文明的秩序中个体、家、国、天下等各自不同因素，将所有因素作为自身的事情，也尊重所有因素独特的存在。

## 第二节 天人与德礼

孔子以“礼”为根本形态，体现对历史传统与文明秩序的体认和尊重。“天”是人自身限度最根本的体现，是人与他者差别的最重要的象征，“人”是人作为自己最根本的身份，是体现人自身精神的首要形态。在天与人的关系中，人是否能够“忠”“爱”，是否能够“恕”“敬”，是对“仁”的精神最典型的体现。天人关系在根本意义上体现着人自身的存在形态及其危机。据此，孔子通过对历史的传统与文明秩序的“忠”与“恕”、“爱”与“敬”、体认与尊重，传承了作为历史传统与文明秩序的道德典范的“礼”。

按照儒家对历史的追述，这种天人关系的形态及其中“忠”与“恕”统一的道德精神，是唐虞三代共通的传统。《尚书 · 皋陶谟》记载，身为“最高大法官”的皋陶对舜禹君臣说：

> 天叙有典，敕我五典五惇哉！天秩有礼，自我五礼有庸哉！同寅协恭和衷哉！天命有德，五服五章哉！天讨有罪，五刑五用哉！政事懋哉懋哉！天聪明，自我民聪明，天明畏，自我民明威。达于上下，敬哉有土。

对“五礼”的分类大体有两种。第一种将“五礼”解释为“公、侯、伯、子、男之礼”（此种分类见于《周礼·秋官司寇》《仪礼·觐礼》），或者“天子、诸侯、卿、大夫、士”“天子、诸侯、亲大夫、士、庶人”（散见于《周礼·春官宗伯》《仪礼·觐礼》）；第二种将“五礼”解释为“吉、凶、军、宾、嘉”（见《周礼·春官宗伯》）。“五典”有两种解释，并不与此直接对应：第一种，父义、母慈、兄友、弟恭、子孝（《左传·文公十八年》以之为舜之“五教”），或者，父子有亲、君臣有义、夫妇有别、长幼有序、朋友有信（参见《孟子·滕文公上》）；第二种，“仁、义、礼、智、信”（参见《孟子·离娄上》《白虎通·谏诤》）。无论义、慈、友、恭、孝，无论亲、义、别、序、信，还是仁、义、礼、智、信，其实都是两种德目，不外乎作为“典”“常”的德，差别只是，“五典”指的是具体人伦关系中的德，是宽泛的五常之德。传统注疏多以这些具体的德目理解皋陶所谓“典”“礼”，但并没有严格的文献依据。[①] 不过，大体而言，以“德”的精神理解却符合皋陶的论说。

《皋陶谟》开篇即强调了“德”的根本意义：

> 曰若稽古，皋陶曰：“允迪厥德，谟明弼谐。”
>
> 禹曰：“俞，如何？”
>
> 皋陶曰：“都！慎厥身修，思永。惇叙九族，庶明励翼，迩可远，在兹。”
>
> 禹拜昌言曰：“俞。”
>
> 皋陶曰：“都！在知人，在安民。”

① 参见曾运乾：《尚书正读》，中华书局 1964 年版，第 35 页；以及顾颉刚、刘起釪：《尚书校释译论》，中华书局 2005 年版，第 421~423 页。

典礼服刑是“知人”“安民”的具体阐发。宋代蔡沈《书经集传》据此引杨氏之言曰：“知人安民，此《皋陶》一篇之体要也。”[①] 明代薛瑄《读书志》则将“知人”“安民”的本原追溯到自我的德行修养，他说，“‘允迪厥德’，又知人、安民之本源也”[②]。皋陶所谓典礼服刑，是以修德为本的正己而安民的实践。与此相应，一方面，根据《皋陶谟》本文及后世的理解，“典”“礼”常常被视为“服”“刑”的本原，另一方面，因为“天叙有典”“天秩有礼”“天命有德”“天讨有罪”，“典”“礼”“服”“刑”等人事的最终根据都被直接归于“天”。因此，首先，就天人、上下一体的意义来说，体现有序和同的“典”“礼”，是实施具体政事的“服”“刑”的依据。因为，“典”“礼”体现的是基本的道德精神及其根本形态，这是一切“服”“刑”政事的基础。再者，无论对“天”做何解释，它都是一种标志“人”的极限的概念，因为“天”表示的是，“典礼服刑”的正当性并非由“人”单独决定。

孔子对皋陶时代道德精神的评价，即可按照这一思路理解为“忠”与“恕”、“爱”与“敬”等两个方面的统一。《论语·颜渊》记载：

> 樊迟问仁。子曰：“爱人。”问知。子曰：“知人。”樊迟未达。子曰：“举直错诸枉，能使枉者直。”樊迟退，见子夏。曰：“乡也吾见于夫子而问知，子曰，‘举直错诸枉，能使枉者直’，何谓也？”子夏曰：“富哉言乎！舜有天下，选于众，举皋陶，不仁者远矣。汤有天下，选于众，举伊尹，不仁者远矣。”

所谓“举直错诸枉，能使枉者直”，包咸说，“举正直之人用之，废置

① 蔡沈：《书经集传·卷之一》，清文渊阁四库全书本。

② 薛瑄：《读书录·卷七》，清文渊阁四库全书本。

邪枉之人，则皆化为直”①。正直的人能够正己正人，尊奉正直的人以为民人的先导，为的是让民人都纳入正道。邢昺说，“樊迟问仁，子曰‘爱人’者，言泛爱济众是仁道也。问知，子曰‘知人’者，言知人贤才而举之，是知也”。② 据此，舜举皋陶为“士”，规正君臣上下，是仁爱与尊贤的统一。仁爱体现为对民人德行的关怀，尊贤体现为能推尊正直之人为民人的表率。这些看法大体皆是由“亲亲”与“尊贤”的精神解说孔子对“爱”与“知”的理解，也从这一角度理解皋陶对虞舜时代的意义。

《汉书·刑法志》引用《皋陶谟》此段“礼”“刑”之说时，也从“爱”与“敬”的统一加以阐发：

> 上圣卓然先行敬让博爱之德者，众心说而从之。从之成群，是为君矣；归而往之，是为王矣。洪范曰：“天子作民父母，为天下王。”圣人取类以正名，而谓君为父母，明仁爱德让，王道之本也。爱待敬而不败，德须威而久立，故制礼以崇敬，作刑以明威也。

君臣上下，是基本的典礼形态。立君为民，立上为下，这体现了“博爱”的精神；君民有等，上下有序，这体现了“敬让”的精神。无论后世如何解释，无论现实是何种形态，按照孔子对“爱”与“敬”，对“亲亲”与“尊贤”的理解，上下与天人体现的是爱敬统一的道德精神，体现的是爱民与正民的统一，不能简单地还原为阶级或权力等级的

① 邢昺：《论语注疏》，北京大学出版社 2000 年版，第 190 页。

② 邢昺：《论语注疏》，北京大学出版社 2000 年版，第 190 页。

差别。要之，按照孔子的这种理解，可以说，《皋陶谟》所述皋陶之言，体现了“天”“人”分合的道德意义；其中，“天”“人”相分，由上下区分体现了“敬畏”的差等，“天”与“人”和同，由上下合一体现了“仁爱”的体认。

《皋陶谟》所谓“典礼服刑”，是这种分、合关系与“爱”“敬”精神的具体展开。就“天人上下”的和同而言，由于“典礼”是“服刑”的根据，所以“服刑”包括在广义的“典礼”范围之内。“爱”“敬”统一的“典礼”，可以体现和同与规正天下万民的精神。就“天人上下”的差别而言，“天人上下”过度的和同可能威胁其间的独立与差别，“天人上下”过度的差别也有可能危害其间的共存与和同。因此，当出现问题的时候，需要以“服”的方式奖励有德之人，也需要以“刑”的方式惩罚为非之人。

孔子继承了这种思想，对其做了精炼的表述。《论语・为政》记载，孔子说：

> 道之以政，齐之以刑，民免而无耻；道之以德，齐之以礼，有耻且格。

依据《皋陶谟》确立的“天人”“上下”关系与后世解读的“爱”“敬”精神理解孔子的这一言说，可以看到：以“德礼”为先导，意味着天人上下之间实现了“爱”与“敬”的统一，上下民人可以成就自己德礼的实践与精神；以“政刑”为先导，意味着天人上下之间有一定程度的混乱或对立，上下民人并不能够相爱、相敬，要么混乱不足以成事，要么对立而相争，即便因为强制不违背规矩，也没有德行的成就。

刘宝楠引《礼记·缁衣》《大戴礼记·礼察》《孔子家语·刑政》《孔丛子·刑论》所记类似言论，从多种角度详细地阐发了这一精神。《礼记·缁衣》云：

> 子曰："夫民，教之以德，齐之以礼，则民有格心；教之以政，齐之以刑，则民有遁心。故君民者，子以爱之，则民亲之；信以结之，则民不倍；恭以莅之，则民有孙心。《甫刑》曰：'苗民罪用命，制以刑，惟作五虐之刑曰法。是以民有恶德，而遂绝其世也。'"

无论是"德礼"，还是"政刑"，都需要以"爱亲""恭敬"的精神为根本。《孔丛子·刑论》述孔子之言曰："古有礼然后有刑，是以刑省；今无礼以教，而齐之以刑，刑是以繁。"如果不能以德礼为根本，徒然以政刑治民，便会使民众陷溺于刑罚之中，是对民众的不仁；古代以德礼为先导，教化民众，尽量使其不陷入相互残害，不陷入因此而受刑的境地。以爱人为本，需要以德礼为先导，刑罚需要慎重；以公义为本，不能不对正当与不正当的行为做出判定。

《孔子家语·刑政》述孔子之言就体现了这种仁爱与公义的精神：

> 疑狱则泛与众共之，疑则赦之，皆以小大之比成之。是故爵人必于朝，与众共之也；刑人必于市，与众弃之也。

天人上下的区别，意味着公义不能任由人私自随便决定，个体需要参考众人的意见，民人需要尊重自己的局限。因此，民要有在上者统一众人之私，人要有天统一天下之私，上与天，都需要是公义的体现。在此意义上，政事不仅是任何个人的事情，还需要与众人共同参与。众人不能随意决断，需要按照事情本身比对而后权衡。按照孔子的这种精神理解，典礼、服刑本身需要以“天”象征的“公义”为根本依据，这是天人相分的意义。典礼、服刑之间需要以人与人之间的“爱”与“敬”的精神为本，尊德重礼，不得已时用政与刑，当有哀矜与公义的精神，但也不能姑息迁就。

孔子对唐虞、三代之礼的理解，大体依据的就是这种天人秩序与德礼形态在各个时代的体现。《论语 · 泰伯》记载：

> 子曰：“大哉，尧之为君也！巍巍乎！唯天为大，唯尧则之。荡荡乎！民无能名焉。巍巍乎！其有成功也；焕乎，其有文章！”
>
> 子曰：“巍巍乎！舜禹之有天下也，而不与焉。”
>
> 子曰：“禹，吾无间然矣。菲饮食，而致孝乎鬼神；恶衣服，而致美乎黻冕；卑宫室，而尽力乎沟洫。禹，吾无间然矣。”
>
> 舜有臣五人而天下治。武王曰：“予有乱臣十人。”孔子曰：“才难，不其然乎？唐虞之际，于斯为盛。有妇人焉，九人而已。三分天下有其二，以服事殷。周之德，其可谓至德也已矣。”

根据孔子的理解，唐虞三代之成大体皆在于当政者能够以爱民敬天的精神作为天下的先导。尧能够以天为则，体现了一种“大公”的精神；舜禹也能够以谦恭处，敬畏上天与天下；从唐虞以至周代，有德之王都能够真正做到通贤共治、执政为民，以谦恭的精神对待上天，对待天下。

唐虞与三代的区别，也体现了“典礼”与“服刑”的本末次序。《礼记 · 礼器》云：

> 礼，时为大，顺次之，体次之，宜次之，称次之。尧授舜，舜授禹；汤放桀，武王伐纣，时也。

就传说中尧、舜、禹之间的禅让来说，他们为天下做出了以德礼相让的典范，为后世树立了无以复加的楷模，而汤武征伐无道的桀纣，也能够做到敬天爱民。唐虞禅让，是“忠恕”“爱敬”两个方面统一的“典礼”的典范，汤武征伐，是以“爱”“敬”为本的“服刑”的典范。典礼与服刑，在历史的实践之中，分别体现于唐虞禅让与汤武征伐。禅让与征伐貌似对立，但其实并不冲突。其中的道德精神不是可以单一确定的规范，而是体现于这些圣王对“天”象征的“公义”的敬守，体现在圣王对天下“公义”的自我担当。典礼与服刑作为“爱”“敬”精神的体现，意义并不完全等同。唐虞禅让的时代，天人上下民人之间的关系大体能够以“爱”与“敬”为本；但是，汤武征伐的时代，天人上下民人之间的关系便出现了现实的问题，汤武只能征伐不能禅让，正体现了天人上下民人之间冲突的存在，天下不能和同，不得已而厉行征伐。典礼服刑与德礼政刑之说统摄了唐虞三代历史与文明总体形态与精神。

《论语·尧曰》也记述了唐虞三代圣王担当天下，不敢自足于私意，敬畏上天体现的正当性的精神。

尧舜禹相传，旨在告诫在上者，使其意识到自身对天下的责任，与自身相对上天的局限，勉励自己与后人践履爱民而敬天的精神。汤武也都强调自身对天下的责任，以及功过是非不能完全由自己一己决定的问题。由于他们不得已施行了征伐，他们对“罪”的问题更加关注，相应的敬畏精神也尤为明显。《论语》编者对“权量”“法度”等事务的关注也可以理解为是将唐虞三代的基本精神归结于体现“公义”的公共事务；而对“兴灭国”“继绝世”“举逸民”等问题的强调，也可以说是揭示了圣圣相承的传统中“仁爱”与“大同”的精神。这种理解与前述孔子的思想一致。

孔子不是一味地美化三代，特别是唐虞，因为他理解的“仁礼”精神不是现实的理想，更不是功利的成果。孔子两次说过“尧舜其犹病诸”的话，一次是说尧舜也不能完全做到“博施济众”（《论语·雍也》），另一次是说尧舜也不能完全做到“修已以安百姓”（《论语·宪问》）。对孔子来说，典礼及其体现的爱敬的精神，既不是现实的理想，也不是功利的结果。对历史传统与文明秩序，孔子是从根本的天人上下的次序来理解其所体现的道德精神。《论语·宪问》记载：

> 南宫适问于孔子曰：“羿善射，奡荡舟，俱不得其死然；禹稷躬稼，而有天下。”夫子不答，南宫适出。子曰：“君子哉若人！尚德哉若人！”

南宫适理解历史人物，以其行为体现的德为依据，而不是以才能或者功绩，因此得到了孔子的赏识。

孔子对历史文明及其中人物的评价，首先是以道德为依据。《论语·泰伯》记载：

> 子曰：“如有周公之才之美，使骄且吝，其余不足观也已。”

“骄且吝”，正是敬畏与仁爱的反面。即便周公那样的大才，孔子也首先是从敬畏与仁爱的精神出发加以理解。孔子对唐虞三代、文武周公的理解，都不是首先着眼于其功业，而是着眼于其总体的历史行为体现出来的精神，着眼于他们作为天下的担当者，是否以及在何种意义上体现了他们对民人的“爱”与对上天的“敬”。天人秩序与德礼形态是理解他们的实践与精神的基本依据，而不只是他们的经验，更不是他们的私自创制。

孔子传承的这种天人秩序与德礼形态，对于他自己与后世儒者来说，是“仁礼”精神的具体表达，是礼乐文化传统的基本宪章。相传，孔子说，“《皋陶谟》可以观治”①。皋陶陈“谟”，以德为治天下之本，“典礼服刑”为德治的基本宪章。其中，“典礼”又是“服刑”之本。所以，宋代林之奇《尚书全解》曰：“谟，如器之有模，立之于此，万世之所取正也。”② 据此，皋陶所陈，孔子所述，典礼之说，是万世取正的根本。

迟至清代，张伯行《濂洛关闽书》引朱子之言，仍然对此做了代表性的总结：

> 儒教自开辟以来，二帝三王，述天理顺人心，治世教民，厚典庸礼之道。后之圣贤，遂著书立言，以示后世。

张伯行对此解释说：

> 二帝，尧舜也。三王，禹汤文武也。典谓五典，礼谓五礼，皆五伦也，《书》所谓“天叙有典”“天秩有礼”者也。儒教自开天

① 伏胜：《尚书大传·卷五》，四部丛刊景清刻左海文集本；也见于孔鲋：《孔丛子·卷一》，四部丛刊景明翻宋本。

② 林之奇：《尚书全解·卷五》，清文渊阁四库全书本。

> 辟地以来，赖有帝典王谟，述天理之自然，顺人心之固有，为治世教民，厚典庸礼之道，而后之圣贤，所以警聋开聩者，遂将“天叙”“天秩”之理，著书立言，阐发无遗蕴，以垂示后世，此修道之教，万世所以永赖也。①

朱子等后世儒者认为，唐虞三代治世教民的根本之道，即在于皋陶所陈典礼之说，孔子等后世圣贤传述垂范的根本精神也是以此为本。按照这种理解，皋陶作为尧舜时代的最高大法官，确立的礼乐文化的宪章不仅被视为当时礼制的根本，更被视为古往今来礼乐文化共通的根基。

根据孔子的“仁礼”思想，这种德礼形态的意义，首先只是在于，它表达了根本的天人上下秩序及“忠恕”“爱敬”统一的“仁”的精神。它们之所以能够适用于古往今来的“万世”，首先只是在于，这种秩序与形态体现了对历史整体的关怀，体现了对世界公义的关注，体现了“大同”与“大公”，而不是确定了任何确定的普遍规范或普世价值，也不是确定了任何具体的终极理想或者现实目的。

皋陶与孔子表述的天人典礼思想，并没有任何具体的规矩或者理想。正是由于它没有表述具体的规矩，没有确定具体的状态，所以它能够在一种最为根本的意义上确立适用于历史与文明的形态与精神。它的适用性在于并且限于它是对历史与文明的各种因素的体认与尊重。在这种体认与尊重的意义上，它对各种具体的因素具有根本的道德意蕴。皋陶与孔子所述礼刑之说，不是任何具体的规则与理想，因此不是任何朝代或者宗派的成文律法或权威。它的有效性正在于它是体认与尊重所有规则与权威的根本道德精神。它没有提出具体的正当规则，但强调对正

① 张伯行：《濂洛关闽书·卷之十九》，清正谊堂全书本。

当性的敬畏，“天”至上是这种敬畏精神的体现；它没有树立绝对的权威，因为圣王也不能够超越“天”之上，这种道德精神的广泛适用在于它对天下无外的关怀。按照这种精神，规则之所以能够在实践中体现其正当性，在于人能够将正当性视为自己的问题，并且敬畏其中的正当性，而不是私自以己意定是非；圣王之所以可以在历史中成为道义的权威，在于他们能够担当天下，敬畏“天”体现的正当性，没有因为自己地位的至上而肆行己意。

“五四”以来，以陈独秀与蔡尚思为代表的学者，将“仁礼”的形态与精神简化为君主专制政体的制度形态与精神，这种观点对孔子的“仁礼”思想有两个根本的误解：一是以政体的区分为前提，将孔子的“仁礼”形态限定于其所谓的专制政体；二是对孔子的“仁礼”做了某种近似国家主义的还原，忽视了孔子对历史与文明中个体、家、国、天下等所有因素的体认与尊重。以这两种误解为前提，他们将孔子对个体、家、国、天下的理解简化为与专制政体适应的形态。天人秩序与德礼形态及其体现的“仁礼”形态与精神，并不预设任何政体与规范，并不限定于任何群体与个体。按照这种形态及其精神，不同的政体、不同的规范、不同的群体、不同的个体，都能够得到全面的包容，都能够受到适当的尊重。

天人上下的区分，按照孔子“仁”的精神理解，体现的是公义与私意的区分，而不是统治阶级与被统治阶级的区分，二者之间的差等是敬让的差等，而不是统治的等级。许多前辈学者仅就外在形态特别是秦汉以来的政治形态与儒学的联系，给天人上下的关系定性。但是，政体的区分不是天人上下与典礼服刑的前提。尧舜禅让、商周封建、秦汉专制，具体比较起来，不能不说在政体的意义上各有其不同。虽然儒家，特别是孔子，最为称颂的是唐虞禅让，但他并未将上下关系简化为唐虞的那种最具公义的关系，当然更不可能将其简化为中央集权的上下关系。无论是柏拉图、亚里士多德等西方哲学家区分出的君主制、贵族制与共和制，以及作为其反面的僭主制、寡头制与民主制，还是现代极为简化的专制与民主的区分和对立，都不是孔子的预设。所有这些政体都是一种治理形态，无论是一个人的统治、少数人的统治，还是多数人的统治，都需要有对公义加以负责的人，无论他或她是通过世袭还是选举产生。因此，上下区分是最根本的一种秩序，先于民主与专制的区分。

天是人的限度的表征，也是人的尊严的体现。按照孔子“仁礼”的精神，天人的和同与差等体现的“忠”与“恕”、“爱”与“敬”的精神，试图避免与防止的不仅是政府的暴虐与荒淫，也是任何个体与族群的暴虐与荒淫。就天人合一而言，天人上下的和同体现的不仅是国家民众之间的统一，也是家族内部个体的统一，天下范围内个体、家、国的统一同样是个体内部情理间的统一。就天人相分而言，天人上下的等差体现的是一国之内的公义，也是家族内部的公义，天下范围内个体、家族与国家共同的公义，同样是个体内在情理的公义。所以，按照孔子的“仁礼”精神，天人上下秩序是一种根本的道德形态，不是局限于国家形态之内的秩序，更不是局限于某种政体内的阶级秩序。按照孔子这种天人上下秩序与德礼政刑形态的思想，无论是一个人的统治、少数人的统治，还是多数人的统治，上下与人我之间如果出现极端的对立，以至于滥用征伐与刑政，都是缺乏“仁”精神的体现，都是对“礼”的悖逆；无论是个体、家族、宗派、国家，还是整个天下，如果出现极端的冲突，导致相互攻伐、相互残害，也都是对“仁”的精神与“礼”的形态的违背。

因此，天人上下的秩序与德礼政刑的形态，并不预设政体的区分，也不限定于国家的范围。无论是否认同它们，是否认同它们对历史与文明的典范意义，对它们的理解都不能局限于特定的政体与特定的群体或阶层。天人上下的秩序与德礼政刑的形态，体现了孔子“仁礼”思想的基本形态与根本精神，体现了“忠恕”“爱敬”两个面向的统一，如果将其限定于专制或君主政体，或者将其限定于现代的所谓政治意识形态，都是对其作为道德精神的根本误解。即便并不用这些精神作为根据理解当今的世界，也不能在这些限定的意义上将其简单地理解为现代各种规则、价值与理想、目的的对立面或者同道。按照孔子“仁礼”思想的自我理解，这是一种根本的道德精神与形态，它包容和正视所有的规则与理想，体认和尊重历史与文明及其所有的因素，它对历史与文明的道德效力在于并且首先限于它是体认与尊重一切的道德精神。

# 结 语

历史的传承与变革，文明的一元与多样，是重大的思想和现实问题。对现代世界来说，情况是如此，对孔子及其时代来说，情况也是如此。孔子正是在对历史的传承与变革、文明的一元与多样的根本问题的理解与规正中，成就了自身礼乐文化的基本形式与精神内核。

根据孔子传述的经典文献，传说中的唐虞三代文明，是在对历史断续与文明一元与多元问题的理解与处理中，形成了礼乐文化的传统。而春秋时代陷入了前所未有的民神、天人杂糅的困境，历史断续的危机与文明一多的混乱凸显。面对这种局面，孔子以“仁礼”的精神与形式，继承和深化了前人对“礼”的理解以及前代的礼乐文化传统。对孔子来说，“仁礼”的精神并非某种普世或者特殊的规范，而是对正当性问题本身的谦恭敬慎；并非某种单一或者多样的理想，而是对自我与世界的有序担当。孔子的“仁礼”思想并不是某种可能对历史与文明普遍有效的规则，也不是某种试图统一历史与文明的目的或理想，而是体认并尊重包括各种规则与理想在内的历史与文明所有因素的根本道德精神。孔子的“仁礼”思想传承了天人上下的秩序与典礼服刑的宪章，他以“忠”与“大同”的精神体认自己与历史世界的一体，他以“恕”与“大公”的精神，敬畏多样文明共同的大义。

孔子的“仁礼”，以其“忠”与“恕”、“爱”与“敬”、“亲亲”与“尊尊”、“大同”与“大公”等两个方面的精神，包容一切历史与文明，尊重其间的具体差别。这种精神对世界持一体大同的态度，这是为己的表现，而不是外在的理想。这种精神敬守多样文明之间的公义，这是敬人的表现，而不是普世的诉求。由仁行礼，不仅需要担当和改善自己及其传统，也需要尊重和理解他者及其习俗，在自爱和尊重他者之间成就共有的公义。

按照孔子的仁礼思想，现代对儒家与中国传统的认同，如果仅仅出自某种意义的民族主义，其主要的道德意义在于“忠”“爱”“亲亲”等精神。另一方面，现代对中国传统的肯定，如果仅仅出自某种意义的普遍规则，其主要的道德意义接近“恕”“敬”“尊尊”等方面。但是，孔子的“仁礼”思想是一体二用的。其中的忠与爱之道意味着需要从中国自身的文化传统出发，将中国之外的世界其他文明有序地纳入一体体认的文明范围之中，“仁者无外”；其中的恕与敬之道意味着，将个体家国乃至各种文明之间的事情，特别是其中的正当性问题，作为所有个体家国与文明之间的公义问题，“义之与比”。孔子“仁礼”思想的现实意义，首先在于回归一种根本的道德精神，这种精神意味着，将世界视为自己的世界，同时尊重其间的差异，以忠于自我与恕于他者的同异秩序，共同担当和处理人类历史的断裂与连续、多样文明的一元与多样等世界层面的问题与危机。

# 后 记

世界是不完美的——如果我们真的弄清了这句话的意义，那是多么完美的一件事情！这是本书的一个期许。尽管它做得并不完美，却有一种不得已的美。

本书内容的美好来自思想源泉本身的清澈鲜活，它的不完美来自于月夜打捞时满桶的星光灿烂。我感恩这样一个打捞的过程，满身泥土与阴凉，人生却从此归属于清泉、江河、大海和星空。

本书的核心内容在导论和结语中有所表达。除此之外，本书隐含了这样一个理解：与苏格拉底的爱智之学一样，孔子的仁礼思想并不是确定的理论体系，或者单一的生活方式，即便它们也解决普遍问题，安顿现实人生。人类文明诞生以来，有且不断有各种思想、理论、学说、文化、宗教与文明，其中好的部分都能解决某些问题，安顿某种人生。苏格拉底和孔子的殊胜之处，并非在于它们提供了更为普遍或者卓越的思想理论或者实践方式，而在于他们开启了各种理论与实践得以生生不息、相得益彰的精神条件。如果说苏格拉底的“智”为寻求普遍真理的理性奠定了方向，那么，可以说，孔子的仁为成己成物的德性安立了大本。各种思想理论与实践方式，虽然也许各有真善，却以各自的理由和方式相争相让，难免从自身出发，界定出是己非人、扬己抑人的规则或者秩序。相对而言，对适用于所有情况的普遍法则的寻求，成就了苏格拉底的爱智之学；对求同和异的忠恕之道的担当，成就了孔子的仁礼之境。

本书是以我的博士论文为基础写就的。首先由衷感谢我的导师——复旦大学哲学学院的张汝伦教授。也感谢本书的编辑——首都经济贸易大学出版社的彭伽佳女士和薛晓红女士。需要感谢的人，当然很多。正如一滴饱满的露珠，甚至需要感谢整个夏夜。而它凝结、清澈、滴落，它的存在就是一种自在自为的献礼。

魏建武